阿拉伯国家形势报告

（2018/2019）

REPORT ON SITUATIONS OF
ARAB STATES (2018/2019)

宁夏大学中国阿拉伯国家研究院

李绍先　张前进　主编

社会科学文献出版社
SOCIAL SCIENCES ACADEMIC PRESS (CHINA)

前　言

2014 年底，宁夏大学中国阿拉伯国家研究院在教育部首批国别与区域研究基地——宁夏大学阿拉伯研究中心的基础上挂牌成立。经过四年的努力，宁夏大学中国阿拉伯国家研究院于 2018 年底获批成为教育部阿拉伯国家研究协同创新中心。2017 年初，宁夏大学中国阿拉伯国家研究院推出了首部《阿拉伯国家形势报告（2016）》，本报告是这个系列的第三部，即《阿拉伯国家形势报告（2018－2019）》。值得一提的是，本年度报告的作者中有五位是出自宁夏大学中国阿拉伯国家研究院，这也从一个侧面反映了我们研究院的成长。

本年度报告各篇的作者如下：第一章，丁隆，对外经济贸易大学外语学院；第二章，冯璐璐，宁夏大学中国阿拉伯国家研究院；第三章，刁大明，中国人民大学国际关系学院；第四章，李亚男，中国现代国际关系研究院；第五章，冯燚，宁夏大学中国阿拉伯国家研究院；第六章，廖百智，中国现代国际关系研究院；第七章，雷昌伟，宁夏大学中国阿拉伯国家研究院；第八章，王卓，宁夏大学中国阿拉伯国家研究院；第九章，龚正，宁夏大学中国阿拉伯国家研究院；第十章，陈双庆，中国现代国际关系研究院；第十一章，梁道远，宁夏大学中国阿拉伯国家研究院。

李绍先

2019 年 5 月

目 录

第一章

2018 年阿拉伯国家总体局势

2018 年，阿拉伯国家局势总体趋于缓和，这主要体现在叙利亚战事大局已定，极端组织"伊斯兰国"被击溃，也门和利比亚的冲突虽仍在持续，但也出现政治解决的曙光。虽然美国在逐渐淡出中东，但其政策仍是影响中东总体局势的重要因素。美国对伊朗和以色列的一压一抬，对中东局势带来重大影响。伊朗重受美国制裁和沙特记者卡舒吉事件，成为中东最突出的大事。

美国在中东实施离岸平衡战略

过去几年，美国与俄罗斯在中东的实力比拼呈"俄进美退"，随着美国宣布从叙利亚撤军，至少在叙利亚问题上，结局已成"俄胜美败"。美国此时撤军并同意向土耳其引渡居伦，恐怕是与后者达成了某种交易。美国在叙利亚军力部署人数和装备非常有限，实际上只是隔离土耳其部队与库尔德武装的"人体盾牌"。美军突然撤离，将引发连锁反应，受益者将是俄罗斯、伊朗和土耳其，库尔德武装面临土耳其的压制，但仍控制叙北部地区，这确保其在叙未来力量格局中占有一席之地。除打击库尔德武装外，土耳其对叙利亚可能并无领土野心，这意味着土耳其为日后与叙利亚政府谈判增加了筹码。

特朗普中东政策建立在"美国优先"的基础上，其核心是战略收缩，减少投入。今后，无论反恐还是遏制伊朗，美国都将要求其中东盟友分担更多责任。这虽与奥巴马政府的中东政策一脉相承，但方法有别。奥巴马给伊朗松绑，特朗普则集结以色列和阿拉伯盟友，对伊朗"极限施压"，目标都是在中东打造均势，防止出现一个地区霸权国家。美国清楚地知道，遭受了40年制裁的伊朗，绝不会因为美国退出伊核协议，并重新实施制裁而发生政权更迭。美国这样做是为了削弱伊朗，迫使其收缩战线，以便自己抽身中东。特朗普拟以低投入实现远程调控，扮演离岸平衡手和仲裁人的角色。为此，特朗普大力巩固与沙特阿拉伯、以色列的盟友关系，并组建"中东战略联盟"以遏制伊朗。

无论是打造"阿拉伯版北约"以遏制伊朗，还是从叙利亚撤军，美国的目标都是让盟友代行其责。从叙撤军，美国"出卖"的不仅是反恐盟友库尔德武装，而且不符合以色列和美国阿拉伯及西方盟国的利益。美国淡出中东，将迫使其盟友两面或多面下注，发展与俄罗斯等国的关系。事实上，最近几年沙特、埃及等阿拉伯国家与俄罗斯的关系迅速升温。

对于巴以问题，特朗普看准了部分阿拉伯国家对以色列的立场松动，巴勒斯坦内部分裂的状况，提出所谓"世纪交易"，在以色列利益最大化的基础上，让巴勒斯坦人象征性地"建国"。特朗普政府全面偏向以色列，并推动其阿拉伯盟友改善与以色列的关系。

地缘格局分化重组

从 2018 年初草草召开的阿盟峰会，到年末缺员的海合会峰会，形式大于内容的两次峰会说明阿拉伯世界的地区组织已陷入瘫痪，阿拉伯世界区域整合水平持续下降。美国"迁馆"风波在阿拉伯国家并未引起多大波澜，年末多个海湾阿拉伯国家还与以色列密切互动，拉开"务实派"阿拉伯国家与以色列关系正常化的帷幕。虽然，这些国家的动机不尽相同，有的是为了与以色列联手应对伊朗威胁，有的是为了向美国靠拢，还有的是为了摆脱阿拉伯民族主义束缚，寻求更符合国家利益的外交政策。曾位列阿拉伯共同事业之首的巴勒斯坦问题已被边缘化，许多国家已放弃阿拉伯和平倡议，这就是当今阿拉伯世界的新现实。

卡塔尔断交危机呈现常态化趋势，加剧了阿拉伯世界分裂。卡塔尔埃米尔刻意安排在海合会峰会期间出访，并决定退出欧佩克。卡塔尔借沙特受卡舒吉事件所累之机，展开一系列外交活动，试图摆脱沙特和海合会的束缚，寻求更大的独立性，这预示着解决断交危机尚需时日。

沙特在年末召集红海和亚丁湾沿岸国家开会，商议组建红海沿岸国家联盟，显示沙特构建新的地缘政治空间的战略雄心。沙特此举一是为了配合也门战事及和谈进程，在该区域排挤胡塞派及伊朗、卡塔尔和土耳其势力；二是沙特看淡海合会前景，准备另起炉灶，搭建新的区域平台。这预示着红海区域将成为未来经济发展和地缘竞争的新舞台。

卡舒吉事件冲击波

沙特记者卡舒吉遇害是具有重大地区和国际影响的"黑天鹅"事件，其对地缘政治和国际关系形成的冲击波仍在持续。沙特形象因此案严重受损，但国际上和沙特国内对此案反应悬殊，不应夸大其对沙特内政的影响。年末沙特高层成功外访，证明这一事件的影响可控。沙特面临的最大挑战是改革困难加大，软实力遭受重创，地区影响力显著下降，修复形象需要较长时间。深陷危机的沙特，遭到卡塔尔等国反攻。

土耳其充分利用卡舒吉事件，一举实现改善对美关系、引渡居伦、打击库尔德武装、削弱沙特影响等多个"意外收获"，土对此案的利用可载入教科书。美国受巨大经济利益驱动，力保沙特，为化解此事发挥重要作用；同时，这也成为美国从叙利亚撤军的催化剂。卡舒吉事件使国际社会重新聚焦也门旷日持久的战争和严重的人道危机，促成也门问题斯德哥尔摩谈判启动，为也门和平带来一线曙光。

2018年，中东经历了名副其实的"多事之秋"。2019年，中东注定也不会平静，年末发生的多个重大事件将对叙利亚、也门等国的战争与和平带来直接影响。同时，事关国家前途命运的利比亚战乱，阿尔及利亚、苏丹的动荡，黎巴嫩久拖不决的组阁难题，伊朗面对美国更严厉的制裁，等等，都值得密切关注。

第二章

2018 年主要阿拉伯国家经济发展综述

在经历了"阿拉伯之春"的波动和复苏期后，总体上来看，阿拉伯国家的社会经济发展形势相对趋于缓和。在这些多样化的经济体中，各自呈现不同的发展特色。其中北非等曾经遭受阿拉伯剧变和财政赤字危机重创的国家正在进入艰难的恢复期，沙特阿拉伯则步入改革期，其他海湾国家的经济也大多呈现好转的趋势，进入新的反弹期。根据牛津经济研究院以及英国特许会计师协会会计机构提供的最新经济报告显示，随着各国政府支出的增加和石油收入的增加，西亚地区阿拉伯国家的经济增长率总体上呈上涨的趋势。此外，北非的埃及在经历了"阿拉伯之春"及其随后而来的货币贬值、财政赤字等一系列危机之后，其经济仍然能够保持在北非地区佼佼者的地位。

虽然在经济上有所好转，但阿拉伯国家经济仍然存在着严峻的挑战。这些国家存在的最大问题是劳动力教育水平普遍较低，创新能力普遍低下。除此以外，这些国家的公共部门在经济中占据主导地位，其绝大多数的就业岗位均由公共部门提供。对于能源富足国而言，除了阿联酋以外，经济上依然过度依赖能源和原材料，经济多样化发展程度还非常欠缺。本文将分别从以下几个方面加以分析。

一 北非地区的经济发展形势

进入 2018 年以来，北非地区的经济状况依然严峻，腐败问题、通货膨胀、货币体系的不稳定等因素都加剧了该地区经济的不稳定性。

阿尔及利亚作为非洲地区面积最大的国家和中东地区第三大经济体，石油和天然气向来是其支柱产业。自从 1989 年国家推行市场经济改革以来，政府一直致力于调整经济结构。尽管努力实现经济多元化，但阿尔及利亚仍然直接或间接地依赖石油和天然气等资源，其经济受油价影响较大，约 80% 的经济涉及碳氢化合物。2018 年 1 ~ 6 月阿尔及利亚的出口商品中，石油、天然气等矿物燃料的占比高达 94.8%。阿尔及利亚的经济前景主要取决于自 2014 年 6 月开始下降的油价，2012 ~ 2017 年，油价下跌使得该国碳氢化合物行业对 GDP 的贡献大幅下降。2018 年 10 月，油价曾反弹至每桶近 80 美元，在年底再次下跌。[①]

2018 年，阿尔及利亚在住房建设项目、基础设施建设、产品出口等方面取得一定的成果，一些大型的建设项目一直在持续进行。2018 年阿实际 GDP 增长率为 2.5%，高于 2017 年的 1.5%，主要受非烃行业增长和重大财政支出的推动。预计随着财政政策的收紧，阿尔及利亚的经济增长将逐渐趋于减缓。财政赤字、腐败以及经济上过度依赖能源和国营经济，都是阿尔及利亚经济发展中潜

---

① 《阿尔及利亚主要出口商品构成》，中华人民共和国商务部网站，http://countryreport. mofcom. gov. cn/record/view110209. asp? news_ id =60366。

在的威胁，并会在很大程度上影响其增长速度。阿尔及利亚的基础设施、地理位置、侨民、国内市场和自然资源禀赋为其经济转型和经济多样化提供了优势。此外，过去十年的外债减免政策，使阿尔及利亚能够更好地抵御经济冲击。阿尔及利亚外债目前尚不到GDP的2%。同样，由国内债务构成的政府债务仅占GDP的40%。2016年外部投资大幅下降，政府开始实施2016～2030年新经济增长模式，旨在实现经济结构转型。新经济增长模式主要涉及改善商业环境、取消直接和间接补贴等，旨在为低收入人群提供有针对性的社会保护。预计2019年阿尔及利亚国内生产总值增长率上升幅度有限，2020年的增长率仍会呈下滑趋势。

利比亚长期以来一直实行单一国营经济。自2011年国内局势动荡以来，利比亚的社会经济状况严重恶化，石油产量锐减，低迷时日均产量仅维持在25万桶左右，支柱性经济产业石油生产遭受严重打击。目前，利比亚经济正在逐步恢复，日均产量上升，其石油出口量也相应逐日增加，2018年日均出口量为89万桶，比上一年度增加了16.5%。欧洲是利比亚石油的主要出口地，从利比亚日均进口石油62万桶，主要集中于南欧和西北欧。亚洲为利比亚石油的第二大市场，日均进口21.5万桶。此外，利比亚的石油还销至北非、拉丁美洲、北美洲等地。意大利、西班牙、中国、法国为利比亚石油的四大消费国。一些专家分析认为，由于利比亚政治局势不稳，生产环境欠佳，其石油生产很难保证获得持续的增长。①

---

① 《深陷乱局的利比亚石油产业》，《期货日报》2018年10月16日。

2018 年利比亚除了石油产量受较大影响以外，通货膨胀、基础设施维护与供应难以为继、金融运作迟缓、治安状况恶化等均对利比亚社会经济发展构成严重阻碍。目前，石油生产逐渐恢复，但是该国越来越多的官员和专家呼吁不能再单纯依赖石油，必须寻找新的增收渠道。

根据世界银行《2018 年营商环境报告》，在全球 190 个经济体中利比亚的营商环境名列第 185 位。另外，持续不断的国内冲突也阻碍了利比亚国内经济的发展，导致经济数据缺失，世界经济论坛没有对利比亚在 2017～2018 年的国际竞争力进行排名。根据国际货币基金组织的估算，2018 年利比亚 GDP 增幅约为 31.2%，低于 2017 年的 55.1%，而在 2014 年、2015 年、2016 年，连续三年其 GDP 均为负增长。在其 GDP 中，政府总收入约为 41.6%。自利比亚国内危机爆发以来，其外债形势急剧恶化，连续几年一直保持大幅比重。2018 年估计外债为 GDP 的 110.4%。受国内局势冲击，贸易条件恶化，利比亚货币贬值明显，2018 年通货膨胀率预计为 11.7%。政府于 2018 年 9 月批准了一项经济改革计划，旨在一定程度上改善现有状况。①

突尼斯属于农业、工业和服务业并重的国家。自 2011 年以来，突政府同样面临高赤字、高通货膨胀率、高失业率和外汇短缺等状况。截至 2018 年 3 月，其外汇储备为 45 亿美元。根据世界经济论坛《2017～2018 年全球竞争力报告》中的数据，突尼斯在全球最

---

① 《对外投资合作国别（地区）指南——利比亚》（2018 年），中华人民共和国商务部网站，http://fec.mofcom.gov.cn/article/gbdqzn/#。

具竞争力的 137 个国家和地区中，位于第 95 名；根据世界银行《2018 年营商环境报告》中的数据，该国的营商环境在全球 190 个经济体中排名第 88 位。2018 年 3 月，由国际评级机构穆迪对其主权信用做出评价，评级为 B2，说明其政局趋向稳定，国际社会对突尼斯的政治局势持信任态度。①

突尼斯是世界上主要的橄榄油生产国之一，其产量占到世界总产量的 4% ~9%。2018 年 7 月，突尼斯橄榄油出口量激增至 17.9 万吨。突尼斯还是非洲第二大有机农产品出口国和全球主要的番茄生产国之一。突尼斯的其他农产品自 2015 年以来也已经实现自给自足。受农业和市场服务的刺激，估计突尼斯 2018 年 GDP 增长率将从 2017 年的 1.9% 上升至 2.6%。这种趋势预计还将在 2019 年和 2020 年得到延续。

2018 年突尼斯的预算赤字和经常项目赤字均有所改善。但由于高工资标准以及与进口需求相关的贸易逆差结构，改善速度将会缓慢。由于汇率波动，2018 年突尼斯的通货膨胀率大幅上升至 7.4%，在 2018 年第二季度中央银行收紧货币政策后，预计其增值税和油价会在 2019 年下降，2018 年第纳尔对美元和欧元贬值 19%，这些均对突尼斯的外汇储备造成了压力。

从近期来看，突尼斯面临的主要挑战是失业和地区发展差距拉大的问题。目前，该国约有 15% 的工作年龄人口失业，其中 1/3 为大学毕业生。投资和就业集中的沿海地区与内陆地区之间存在的

---

① 《对外投资合作国别（地区）指南——突尼斯》（2018 年），中华人民共和国商务部网站，http://fec.mofcom.gov.cn/article/gbdqzn/#。

巨大差距问题也是影响突尼斯未来经济发展的重要因素。虽然自2011年以来突尼斯一直在加大公共支出，但是其公共债务持续增加，其中外部的公共债务占到70%，加剧了突尼斯经济的脆弱性。

尽管突尼斯目前经济形势严峻，但是仍有许多有利于经济发展的优势条件，除了地理位置接近欧洲外，突尼斯还拥有较好的农业基础，能够刺激经济增长并创造就业机会。此外，突尼斯还拥有大量的磷酸盐矿床，拥有供国内消费的天然气储量，其经济发展相对较为多样化。突尼斯政府已经于2016年制定了五年发展规划，重点是加大基础设施的建设力度，进一步拉动经济，创造就业。

摩洛哥自2017年开始经济增长速度减缓，但是该国经济前景总体上还是不错。在世界银行的《2018年营商环境报告》排名中，摩洛哥在190个国家和地区中位于第69名，在北非地区居首位，在整个中东北非国家中仅次于阿联酋和巴林。福布斯杂志也对摩洛哥的营商环境做了评估，其在全球153个经济体中排名第55位。福布斯杂志在对这一结果进行分析评论时称，摩洛哥主要是受益于靠近欧洲和相对较低的劳动力成本，以及多元化和开放的市场经济。摩洛哥经济的关键领域包括农业、旅游业、航空航天、汽车、纺织品、磷酸盐、服装、电子组件等。近年来，该国增加对港口、交通和工业基础设施的投资，努力将自身发展为整个非洲的贸易枢纽。[1]

2018年1~9月的贸易状况显示，摩洛哥的出口商品主要是机电产品、化工产品、运输设备和纺织品及原料，其与欧洲各国的进

---

① 《福布斯全球营商环境排名：摩洛哥排非洲第3位》，中国驻摩洛哥使馆经商处，http://www.mofcom.gov.cn/article/i/jyjl/k/201901/20190102825166.shtmll，2019-01-09。

出口贸易额均呈增长趋势，其贸易逆差主要来自中国、美国和俄罗斯。据摩洛哥最高规划委员会报告的数据显示，2018 年摩洛哥的制造业产出呈增长趋势，在第三季度，其制造业产出同比增加了3%，主要体现在化工、服装业、汽车制造、机电设备、冶金工业、造纸业的产出都有不同程度增加。与制造业形成鲜明对比的是，报告表明，食品工业、橡胶、家具业、木材业产出同比均有下降。此外，金属业和其他采掘产品增长 3%。①

除此之外，据中非贸易研究中心的最新资料显示，2018 年摩洛哥 GDP 增长率为 3.6%，经济增长势头强劲。摩洛哥在地理位置上有着得天独厚的优势，是连接美非欧与中东地区的要道，拥有十分广阔的市场。② 当然也有一些机构对摩洛哥的经济发展前景并不看好，2018 年，世界银行曾在一份关于中东北非国家经济发展形势的报告中指出，目前摩洛哥的经济主要靠内需拉动，主要依赖于公共领域的投资，这种发展模式很难使摩洛哥形成包容性的经济增长，并极有可能导致失业率大幅增加，尤其是青年劳动力的失业状况会更为严重。世界银行建议摩洛哥尽快向新的经济发展模式转型，加快私有化步伐，靠增加出口和私有企业的发展来刺激经济的增长。③

除了上述马格里布地区的国家以外，北非最有影响力的国家埃及的发展也比较受人关注。目前，经历了社会经济阵痛之后的埃及

① 《摩洛哥第三季度制造业产出同比增长 3%》，"一带一路"·中非智库网，http://news. afrindex. com/zixun/article11466. html，2018 - 12 - 19。
② 《摩洛哥：保持强劲的经济增长势头》，凤凰网财经，http://finance. ifeng. com/a/20180522/16305549_ 0. shtml，2018 - 05 - 22。
③ 《世界银行建议摩洛哥转变经济增长模式》，新华网，http://www. xinhuanet. com/2018 - 04/18/c_ 1122704078. htm，2018 - 04 - 18。

正在大刀阔斧地进行改革，竭力恢复自己的国际形象，提高自己的
国际竞争力。其最大的一项改革举措是将埃镑的固定汇率改为浮动
汇率，同时削减国内的燃料补贴。这些举措获得了外国投资商和出
口商的欢迎。为了满足国内基础设施建设对水泥的大量需求，埃及
于 2018 年 8 月投资建成拥有 6 条日产量 6000 吨的水泥生产线，这
是埃及最大的水泥产业集群，埃及政府希望通过这一项目有效促进
国内就业，刺激国内经济发展。① 这些改革取得了一定的成效，国
际知名的巧克力糖果制造商、大豆工厂、汽车制造商、建筑商均对
与埃及合作产生兴趣。改革之前的 2017 年通货膨胀率高达三十年
来的最高点，同比达 33%，2018 年已回落至 14.35%。

穆迪高级分析师在分析埃及国内营商环境时指出，埃及劳动力
市场僵化，导致长期失业率居高不下，尤其是女性和年轻人失业率
更高，这将会对社会造成较大的隐患。分析人士认为，尽管埃及经
济正在走向复苏，在 2018 年保持较高的经济增长率，高达 5.2%，
但是这并不足以说明埃及的营商环境已得到极大改善，还需要继续
推进改革。②

二　海湾地区的经济发展形势

2018 年以来，海湾国家的经济增速正在进一步放缓，与此同
时，在石油减产、原油价格回落及全球经济疲软的大背景下，海湾

---

① 《为埃及经济发展提供动力》，人民网，http://economy.gmw.cn/2018 - 12/24/content_
32222625.htm。

② 〔埃〕丽贝卡·斯庞：《埃及：开启复苏模式》，《进出口经理人》2018 年第 10 期。

地区的经济将承受更多的压力。2018 年 9 月，世界银行和世界经济论坛发布《2018～2019 年全球竞争力报告》，其中阿联酋和沙特阿拉伯分别位列世界第 17 名和第 30 名。世界银行于 2019 年 1 月 8 日发布《世界经济展望报告》指出，2018 年海合会成员国平均经济增长率为 2.2%，巴林增长速度排第一，为 3.2%，其余依次为卡塔尔（2.3%）、阿联酋（2%）、沙特（2%）、阿曼（1.9%）和科威特（1.7%）。① 根据世界银行《2018 年全球营商环境报告》中的排名，阿联酋排在全球 190 个经济体中的第 21 位，连续五年保持阿拉伯国家第一的排名。

上述报告均对阿联酋的经济给予较高评价，认为阿联酋是中东北非地区最具有竞争力的经济体，该国在实现经济多样化方面成绩显著，政府鼓励发展高附加值产业，在教育、创新、技术等领域加大投入，积极推进贸易和投资，大力引进海外人才，这些有效的管理措施都将对阿联酋发展起到很好的推进作用。总体而言，阿联酋在社会制度、教育、基础设施和医疗等方面均具有一定的优势，因而能够保证其应对石油价格浮动和国际贸易疲软等问题的冲击。2018 年 5 月，国际评级机构穆迪对阿联酋主权信用级别评价为 A2，对未来的预测为"稳定"。2019 年 1 月初，世界银行和国际金融协会发布了两份报告，预测阿联酋的经济在未来三年内都将保持增长势头，2019 年其 GDP 将增长 3%，2020 年和 2021 年将分别增长

---

① 《世界银行下调 2018 年阿联酋经济增长率 0.5 个百分点》，中国驻阿拉伯联合酋长国使馆经商处，http://ae.mofcom.gov.cn/article/jmxw/201901/20190102825634.shtml，2019 - 01 - 10。

3.2%。①

阿联酋对未来有着较长远的规划，除了致力于摆脱经济对石油的依赖以外，主要追求社会经济长期稳定的发展，并在联邦建设、文化建设、人民生活等领域都有远景目标和设想，分别制定了如下几项发展规划：《阿联酋2021远景规划》，预计到2021年将阿联酋建设成为世界上美好国家之一；《阿布扎比2030年经济远景规划》，预计到2030年，阿联酋的经济总量比2008年翻两番，石油占GDP的比重下降至36%；《迪拜2021年规划》，计划将迪拜打造为宜商宜居的国际化大都市和世界经济中心；《阿联酋2071百年计划》，预计到2071年将阿联酋建设为世界上最好的国家；《阿联酋2117火星计划》，计划在2117年将人类送上火星，在火星上打造迷你型居住示范区。

沙特阿拉伯作为海湾地区最大的国家，石油和石化工业长期以来处于其支柱产业的地位，近些年来，沙特一直致力于推动国内经济的多元化改革。在经历了2017年的经济萎缩后，2018年沙特经济增长2%。从2017年开始，该国积极发展非石油产业，重点发展钢铁产业、有色金属产业、建材产业、铁路产业、电力、化工、工程技术产业和房地产等领域。目前沙特阿拉伯正处于社会经济转型期，国内推行社会经济改革，努力使经济摆脱对石油的依赖。根据世界经济论坛《2017～2018年全球竞争力报告》的评估，在全球最具竞争力的137个国家和地区中，沙特阿拉伯排名第30位，

---

① 《到2021年阿联酋经济增长率将超3%》，中华人民共和国商务部网站，http://www.mofcom.gov.cn/article/i/jyjl/k/201901/20190102826706.shtml，2019-01-14。

此外在世界银行发布的《2018年营商环境报告》排名中，沙特在全球190个经济体中排名第92位。在沙特阿拉伯的"2030远景"中，该国制定了"投资立国"的发展目标，旨在充分利用自己的投资优势与全球各大国际化企业和高新技术行业建立联系。2017年，沙特阿拉伯与日本等国家签署了经济与技术合作协议，进一步深化其经济改革。2019年，沙特预计将投入533.3亿美元推进私有化领域中期进程，坚定不移推进"2030愿景"各项计划。[①] 就目前状况而言，石油经济仍然在其国民经济中占比较重。日本驻沙特阿拉伯大使馆于2018年3月发布的沙特阿拉伯经济动向报告显示，在沙特2018年的政府财政预算中，石油领域的收入高达1312亿美元，占整个政府收入的63%。[②]

　　沙特阿拉伯目前存在的较大挑战主要是就业问题。在2018年第一季度，沙特包括公共部门和私人部门在内共计有23.4万名外籍劳动力失业。近年来沙特对外籍劳工的进入和就业加以严格限制，鼓励企业和有关部门雇佣本国员工，但是最终的结果并不理想：一方面迫使一些非沙特籍员工离开就业市场，导致就业人数持续下降；另一方面，沙特阿拉伯本国员工并未出现就业增加的趋势，反而同样出现下滑。[③] 此种现象反映了沙特员工本土化的政策并未奏效。

――――――――――

① 《沙特公布2019年财政预算》，中华人民共和国商务部网站，http：//www. mofcom. gov. cn/article/i/jyjl/k/201812/20181202818218. shtml，2018 – 12 – 19。

② 王琰：《从与日本的合作关系看沙特阿拉伯投资立国的经济改革》，《外国问题研究》2018年第4期。

③ 《2018年一季度沙特就业情况不佳》，中国驻沙特阿拉伯使馆经商处，http：//sa. mofcom. gov. cn/article/jmxw/201807/20180702766128. shtml，2018 – 12 – 19。

受员工本土化政策的影响，阿曼就业市场同样出现疲软。在海湾国家中，只有科威特和阿联酋的就业没有受到太大的影响，石油价格复苏之后，两国的就业人数均呈增长趋势。

同样油气收入占比较大的阿曼，其石油、天然气在国民经济中占70%。但是由于阿曼并非欧佩克的成员国，油价的波动对其经济影响并不显著。目前阿曼主要是靠建设大型的产业园区来吸引外资。在发展经济多元化的过程中，阿曼在许多领域都存在商机，其中包括油气和新能源领域、建筑领域、矿业领域、医疗领域等。[1]海湾的另一个国家巴林的经济目前正处于困难时期，2017年其经济增长为3.8%，2018年下降为3.2%。目前，其财政赤字已经接近于GDP的90%～100%。[2]

三　未来阿拉伯国家经济发展预测

2019年初，半岛电视台针对阿拉伯经济的发展趋势发起了一项民意调查。在此次调查中，大多数受访者对2019年阿拉伯经济的总体发展前景持悲观态度，他们所持的理由是：许多国家缺乏经济愿景，资金上过于依赖外部贷款，国内税收增多，创造力薄弱，腐败现象没有得到有效遏制，局部战争和地区危机不时对经济造成冲击，卡塔尔遭受经济封锁，也门战争对沙特经济和也门经济的负

---

① 李前：《阿曼：穿越千年的贸易关键之地》，《借展出海》2018年第10期。

② 《大多数海湾经济体在2018年开始反弹，但巴林"在经济上处于非常困难的位置"》，中国国际贸易促进委员会驻海湾代表处，http://www.ccpit.org/Contents/Channel_ 3920/2018/0923/1065691/content_ 1065691.htm。

面影响等，这些都将成为影响整个阿拉伯地区经济发展的障碍。因此，总体来看，大部分阿拉伯国家的经济结构仍然十分薄弱，发展缓慢，有些国家甚至停滞不前，即便是海湾国家，其实际增长速度也比此前预期的要低。

此外，著名经济专家阿卜杜勒·拉希姆·胡尔还有另外的担忧。他认为，除了国内因素以外，外部的国际环境也是对阿拉伯国家经济造成巨大挑战的不可忽视的因素，例如中美贸易战和英国脱欧问题等。他提出了一个较为严峻的问题，即当前全球经济已经走向了数字化和知识经济时代，而阿拉伯国家仍然在埋头发展"实体经济"，这在很大程度上拉大了它们与世界之间的差距。①

---

① 《半岛电视台阿文网民意调查：89%的受访者认为阿拉伯经济在 2019 年不会好转》，半岛电视台中文网，https：//chinese. aljazeera. net/economy/2019/1/28/89 – respondents – dont – think – arab – economy – improve – in – 2019。

第三章

不确定的转向：特朗普政府的中东政策

2018 年 12 月 19 日，美国总统唐纳德·特朗普在社交媒体上宣布"已经击败'伊斯兰国'"，并因此决定从叙利亚撤出总规模为 2500 人的全部美军。这一决定可谓"一石激起千层浪"，旋即在美国国内和中东地区引发极大的震动，导致了叙利亚局势相关各国各种势力的新一轮连锁反应。① 不过，由于美国国内外各方的质疑以及"伊斯兰国"极端势力的持续存在，特朗普突然撤军的决定并未如预期一般完全兑现，甚至在 2019 年 2 月 22 日，美国政府宣布美军将继续在叙利亚保留 400 人作为应急力量。但在随后的公开场合，特朗普仍旧坚称："'伊斯兰国'已 100% 地失去了其在叙利亚占领的势力范围。"②

事实上，自特朗普上台以来，美国政府在中东事务上已多次做出令外界颇感意外，甚至招致国际社会广泛且坚决反对的重大决

① Katie Galioto, "Trump Defends Decision to Withdraw Troops from 'Mess' in Syria, Afghanistan," *Politico*, Feb 1, 2019, available at: https://www.politico.com/story/2019/02/01/trump-syria-afghanistan-troops-1141759, 2019 年 3 月 20 日访问。

② Katie Rogers, Rukmini Callimachi, and Helene Cooper, "Trump Declares ISIS '100%' Defeated in Syria. '100% Not True,' Ground Reports Say," *The New York Times*, Feb 28, 2019, available at: https://www.nytimes.com/2019/02/28/world/middleeast/trump-isis-territory.html, 2019 年 3 月 20 日访问。

策。从 2017 年 1 月推出涉及中东七国的"旅行禁令"，到 2017 年
5 月特朗普就任总统后首次出访选择沙特，从 2017 年 12 月宣布将
美国驻以色列使馆迁往耶路撒冷，到 2018 年 5 月退出"伊核协
议"，从 2018 年 12 月仓促宣布从叙利亚撤军，到 2019 年 3 月悍然
承认以色列在戈兰高地的所谓"主权"……这些决策不仅搅乱了
原本就复杂多变的中东局势，也在一定程度上预示着美国对中东的
既定政策已陷入某种程度上的裂变与漂流状态。值得玩味的是，这
些决策虽然如今大都仍处于影响持续发酵的过程之中，但就其短期
效果或发展态势而言，似乎都与特朗普政府的既定目标存在较大差
异，甚至被认为明显缺乏战略统筹与全局规划。① 换言之，特朗普
政府的中东政策调整虽然动作不小，也显露出一些方向，但仍给
人以"无法承受之重"或者"难以完成任务"的"不确定"之
感。那么，特朗普政府在中东政策上设定了怎样的目标？又采取
了怎样的方式加以推进？这其中是什么因素导致了如同决定从叙
利亚撤军这样突然与反复的政策？特朗普政府的中东政策又将如
何发展？围绕这些问题，本文将结合特朗普政府执政两年来的具
体事件尝试地做出一些回答。

三大战略目标：反恐、地缘与经济

2017 年 12 月 18 日，特朗普政府在执政第一年就发布了系统阐
述其外交与安全防务政策的《国家安全战略报告》，其中对中东事

---

① 韩召颖、岳峰：《特朗普政府的中东政策探析》，《当代美国评论》2018 年第 2 期。

务的表述被视为观察特朗普政府相关政策的关键参考。

按照该报告的表述，特朗普政府仍将中东地区视为"当今世界上最为危险的恐怖主义势力的聚集地"。针对当前中东复杂而纷乱的局势，特朗普政府给出的描述是：伊朗势力不断扩张，地区某些国家处于崩溃状态，极端势力继续泛滥，经济社会发展陷入停滞以及地区内各国相互为敌。[①] 基于这一判断，特朗普政府进一步明确了其中东政策的三个主要战略目标，基本反映了美国对该地区的长期诉求与当前考量。

第一个目标是"确保中东不再成为极端恐怖主义的温床或滋生地"。反恐显然是"9·11"事件以来美国在中东地区始终追求的最关键目标。不可否认，经过包括美国在内的各国共同的努力，打击极端势力的行动取得了较为明显的进展，"伊斯兰国"等极端势力蔓延的态势得到了一定控制。但必须看到的是，极端势力在中东滋生的经济社会土壤不可能一蹴而就地得到改善，甚至这种动荡局势的背后还充斥着明显的美国因素。

第二个目标是"防止中东地区出现与美国为敌的主导势力"。如果说反恐目标是从本国国土安全考虑出发的话，维持中东地区局势和美国在这一地区的主导权显然是出于地缘政治的考量，本质上就是维持美国在中东的主导地位不受到任何挑战。在这个意义上，伊朗无疑是美国认为的当前可能主导中东地区的最大敌对势力。同时，随着叙利亚局势的发展和美国与伊朗关系的进一步恶化，俄罗斯在相关议题

---

① "National Security Strategy of the United States of America," *White House*, Dec, 2017, available at: https://www.whitehouse.gov/wp-content/uploads/2017/12/NSS-Final-12-18-2017-0905.pdf, 2019 年 3 月 20 日访问。

与地区事务上的存在与影响力的上升也逐渐成为美国不得不面对的现实。[1]

第三个目标是"促使中东维持全球能源市场稳定"，其潜台词就是通过控制中东来控制全球能源市场。这无疑是美国长期对中东地区施加影响的最基本动力，这不但取决于美国自身的能源需求，也植根于美国希望借此强化、固化其全球主导地位的战略考量。在近年来的"页岩气革命"之后，美国虽然已逐渐成为能源出口国，但仍以进口石油等方式深入参与国际石油产量与价格等的决策之中，保持其关键的主导地位。值得强调的是，维持经济霸权或能源霸权一方面是美国控制中东的基本目标，另一方面也成为美国打压伊朗、实现其他地缘战略目标的影响因素。美国在对相关行动做出决策时，必须考虑到对国际原油价格以及国际市场可能产生的影响，从而也受到一定的制约。

上述三个目标虽然在不同程度上均是美国历届政府所强调的，但特朗普政府的中东政策赋予其新的要求与内容。具体而言，反恐、地缘与经济三个目标被聚焦为特朗普政府所认定的当前需要解决的两个根本性问题上：其一，事关美国国土安全利益与诉求的反恐行动，即打击"伊斯兰国"、基地组织等激进极端势力的行动必须持续进行；其二，必须遏制在中东地区不断扩张势力的伊朗。[2]相比于其他中东国家，伊朗在石油储量与产量上具有举足轻重的

---

[1] 迟永：《特朗普政府的伊朗政策及其影响》，《现代国际关系》2018 年第 9 期，第 44～52 页。

[2] "National Security Strategy of the United States of America," *White House*, Dec, 2017, available at：https：//www. whitehouse. gov/wp - content/uploads/2017/12/NSS - Final - 12 - 18 - 2017 - 0905. pdf，2019 年 3 月 20 日访问。

影响力，而且伊朗在其他自然禀赋以及在经济与产业结构上也都更具优势，因而其成为在中东举足轻重的区域大国。而在美国看来，伊朗是当前支持恐怖主义的主要国家，向极端组织提供武器、资金以及情报等，可谓恐怖主义持续存在的主要后盾。而2015 年伊核协议签署之后，伊朗通过继续发展弹道导弹、网络武器，在地区逐渐扩展势力范围，很快填补了反恐战争之后因"伊斯兰国"崩溃与地区长期冲突而造成的权力真空，甚至显现出"独大"态势。① 换言之，在特朗普政府的中东政策议程中，伊朗同时成了美国反恐、地缘以及经济三个目标维度上的最大障碍，因此，与伊朗针锋相对、彻底打压伊朗也就成为特朗普政府中东战略中最为首要的任务。

实施手段：从"不做傻事"到做"减法"的议程设置

相比于其他对外政策领域，特朗普政府的中东政策一般被认为是较早"成型"的。究其原因，这可能与需要尽快回应美国选民在国土安全议题上的强烈诉求，以及特朗普团队内部具有中东事务背景（如有海湾战争或反恐战争经历或美籍犹太人身份）的成员较多存在关联。② 也正是在这种复杂动机的驱动下，特朗普政府在

---

① 张帆：《诉诸灰色区域：特朗普政府伊朗新战略透视》，《世界经济与政治》2018 年第 5 期，第 83～107 页。

② 刁大明：《特朗普政府对外决策的确定性与不确定性》，《外交评论》2017 年第 2 期，第 65～84 页。

中东事务上才会做出前文提及的多项具有爆炸性意义的决定。特朗普政府中东政策的相对"成型"除了体现为目标的明确之外，也充分体现在实施手段与讨论的清晰上，不可否认的是，在过去两年中这些清楚明确的实施手段，在本质上展现出特朗普政府对美国国家实力与影响力的非常规运用。

第一，"不做傻事"，即特朗普政府实质上延续了奥巴马政府所谓"不做傻事"的底线原则。如今在评价奥巴马政府对外政策特别是对中东政策时，其在中东保持所谓"廉价存在"、避免再次陷入新泥潭、努力平衡中东和亚太、在具体操作中强调维持美国领导的同时推动盟友打头阵的战略倾向应该说已成为"奥巴马主义"的主要标志。[①] 这种"不做傻事"的政策充分体现在奥巴马政府对利比亚战争、叙利亚内战、推进签订伊核协议乃至冷处理美以关系等一系列议题的收缩决策上。特朗普上台之后，在诸多内外政策上选择了"逢奥必反"，但在中东地区政策上坚决延续了奥巴马"不做傻事"的倾向。如此微妙的"扬弃"充分说明美国在中东战略选择上重新回到所谓"离岸平衡"的思路上来，这也是美国实力地位相对下降以及在反恐战争中深度介入造成美国国内战略界与公众舆论强烈批评之后的必然回归。[②] 过去两年中，特朗普政府以所谓"人道主义危机"为由对叙利亚进行导弹定点打击、通过各种经济制裁方式对伊朗极限施压乃至企图快速从叙利亚撤军等做法或

---

① David Rothkopf, "Obama's 'Don't Do Stupid Shit' Foreign Policy," *Foreign Policy*, June 4, 2014, available at: https://foreignpolicy.com/2014/06/04/obamas – dont – do – stupid – shit – foreign – policy/, 2019 年 3 月 20 日访问。

② 孙德刚：《特朗普政府中东政策评析》，《美国问题研究》2017 年第 2 期，第 178～197 页。

决定，在一定程度上正是出于这种避免深度介入、避免陷入新泥潭的被描述为"好战的极简主义"的战略考量。[①]

第二，高度依靠盟友作用，即在延续"离岸平衡"的前提下，特朗普政府要实现遏制伊朗等战略目标，势必需要倚重中东地区盟友的积极参与，甚至是让它们身先士卒。具体而言，特朗普政府上台以来着力在两个维度上推进盟友建设。其一，特朗普政府的中东战略在强调伊朗威胁的同时，也强调要改变以巴以矛盾或者阿以矛盾为核心抓手的中东政策，进而将以色列和沙特等阿拉伯世界中的主要盟友联合起来，共同对抗伊朗，以实现美国自身的战略目标。这种关于中东地区主要矛盾描述的改变，也是特朗普政府中东政策的一个巨大改变。[②] 其二，特朗普政府重视强化与中东盟友的关系，特别要强化沙特等国对美国的高度依赖。2017 年 5 月，特朗普上台之后的首次访问就选择了沙特，并促成了巨额的军售合同。在随后的互动中，虽然出现了沙特与卡塔尔断交以及"卡舒吉案"等风波，美国至少是特朗普的行政机构始终保持了对沙特政府的支持。与此同时，特朗普政府努力以原本就为应对伊朗而设置的海合会为基础构建所谓的"中东版北约"，此举不仅要促成以色列与沙特等国结盟，而且要在中东地区构建可以自主应对所谓伊朗"威胁"、实现打压伊朗目标的符合美国利益的国家安全合作机制。其三，特朗普政府将美国与以色列的关系放置在中东政策中最为关键的位置，甚至

---

① Marc Lynch, "Belligerent Minimalism: The Trump Administration and the Middle East," *The Washington Quarterly*, Vol. 39, No. 4, Winter, 2017, pp. 127 – 144.

② 刁大明：《迁馆耶路撒冷：国内政治与特朗普政府对外政策议程设置》，《外交评论》2018 年第 4 期，第 132 ~ 157 页。

给予以色列罕见的偏袒性支持。不可否认，从奥巴马政府时期美以关系陷入低谷的事实出发，特朗普政府对伊朗的态度显然与以色列更为契合，两国关系迅速回温也在意料之中。与沙特等盟友相比，以色列的军事实力等因素使其成为美国在"离岸平衡"情况下实现遏制伊朗战略目标所必需的最得力盟友。但同时必须强调的是，从承认耶路撒冷为以色列首都并搬迁大使馆到承认以色列在戈兰高地的所谓"主权"，特朗普政府过去两年来对以色列的过度偏袒已超越了理性范围。

第三，以改变现状的方式主动设置议程，即特朗普政府利用其仍然存在的实力与影响力出人意料地改变既定现状，引发各方连锁反应，从而体现并巩固其自身的主导地位。对于特朗普政府而言，在避免直接深度介入而选择驱动盟友的情况下，如何确保自身的主导地位，特别是对包括盟友在内的相关国家的政治影响力，成为其一个无法绕开的问题。显而易见，特朗普政府并不会倾向于采取较多资源投入的方式来驱动盟友和维持领导力。即便在所谓"中东版北约"意义上，特朗普政府可能做出的贡献也更多体现为军售、情报共享等辅助角色。特朗普政府选择的并不是投入资源的"加法"，而是选择通过政策调整以求改变中东政治或地缘现状的"减法"方式。① 比如，在对伊朗政策上，特朗普政府决定退出伊核协议，从而打破了奥巴马政府任内建立起来的伊朗核问题的解决轨道，再次将包括伊核问题在内的伊朗议题激化，进而为其遏制伊朗制造了借口。又如，在巴以问题上，特朗普政府一改往届美国政府对1995年《耶路撒冷使

---

① 刁大明：《迁馆耶路撒冷：国内政治与特朗普政府对外政策议程设置》，《外交评论》2018年第4期，第132~157页。

馆法》拖延执行的策略，选择立即执行该法案，并将大使馆迁往耶路撒冷，此举不但几乎无投入成本，而且获取了力挺以色列、分化阿拉伯世界、推动以色列与沙特等盟友建立互动关系的各种效果。再如，特朗普政府从叙利亚撤军的突然决策可谓再次搅动了原本趋于均衡的叙利亚局势，联动地导致俄罗斯、伊朗、土耳其以及库尔德武装等各方的不同反应。① 同样的情况也发生在特朗普政府承认戈兰高地为以色列"领土"的罕见决定上，这一毫无资源投入的举动直接断送了未来以叙之间以对话协商方式解决戈兰高地问题的路径，甚至还联动地影响着叙利亚内战局势以及解决巴以问题的进程。② 必须承认的是，美国凭借其所谓"高地位国家"所具备的国家能力与影响力采取的这些议程设置，虽然在短期内可以成为美国介入中东问题并发挥主导作用的新的抓手，但就长期而言，这将极大地恶化美国对外政策应有的延续性，侵蚀美国的所谓"国家公信力"。

不确定与无法实现的政策效果

虽然特朗普政府在中东事务上阐述了相对明确的目标，展现出看似清晰的落实手段，但在过去两年的实施过程中，特朗普政府并未实现其政策目标，不但没有推进中东局势向着其预定的方向发

---

① Lara Seligman, "Trump's Decision to Withdraw From Syria," *Foreign Policy*, Jan 28, 2019, available at: https://foreignpolicy.com/2019/01/28/unintended–consequences–trump–decision–withdraw–syria/, 2019 年 3 月 22 日访问。

② Tamara Cofman Wittes and Ilan Goldenberg, "Trump's Golan Fiasco," *Politico*, March 22, 2019, available at: https://www.politico.com/magazine/story/2019/03/22/trumps–golan–fiasco–226102, 2019 年 3 月 24 日访问。

展，甚至导致了该地区局势的持续恶化与复杂化。

第一，极端势力虽然总体上呈现被打压、被遏制的态势，但其生存的土壤并未彻底清除。21 世纪以来，中东地区的局势几乎始终是围绕美国反恐战争以及各国力量打击极端势力的主题展开的。近年来，随着俄罗斯、伊朗等国力量的实质性参与，盘踞在叙利亚的"伊斯兰国"势力得到了较为明显的遏制，为叙利亚内战的最终结束乃至国家重建燃起了新的希望。与此同时，也门胡塞武装等势力却未显现出明确拐点。这也意味着，极端势力在中东地区的存在仍是一个需要国际社会共同努力解决的现实顽疾。就特朗普政府的角色而言，一方面，极端势力在叙利亚等地的被遏制存在着美国军事力量特别是其与当地库尔德武装合作打击的部分原因，当然这也是各国各种势力合作努力的结果；另一方面，美国对极端势力在中东地区的存在与否也有着以自身利益为导向的政治考量：美国的目标更为倾向于将极端势力控制在一定的范围与规模之内，即将其保持在既不能对美国本土构成威胁，又可以为美国在中东的持续介入创造借口的状态。更为严峻的是，美国在中东地区的长期介入，特别是特朗普政府对以色列的过分偏袒，恰恰持续刺激着阿拉伯世界的反美情绪，也导致中东地区某些国家长期处于动荡之中，进而事实上为极端组织在中东地区崛起乃至可能的死灰复燃创造了必要的土壤，为包括美国、以色列在内的国际社会安全留下了隐患。①

第二，特朗普政府对伊朗政策陷入"骑虎难下"的两难困境，

---

① Mark Landler and Edward Wong, "In Golan Heights, Trump Bolsters Israel's Netanyahu but Risks Roiling Middle East," *The New York Times*, March 21, 2019, available at: https://www.nytimes.com/2019/03/21/us/politics/golan-heights-trump.html, 2019 年 3 月 24 日访问。

不但无法有效遏制伊朗，反而加剧了相关局势的不确定性。2018年5月，特朗普政府单方面退出伊核协议的做法吹响了打压伊朗的"集结号"，但这一做法并未得到伊核协议其他各方的支持，也凸显了美欧乃至美国与全世界在伊核问题上的极大分歧。英、法、德以及欧盟各方对伊核协议的坚持，一定程度上弱化了美国单方面决定的负面影响以及特朗普政府对伊朗施压所造成的威胁与压力。[①]随后，特朗普政府又在2018年5月和11月两度对伊朗采取最严格的经济制裁。这些经济制裁无疑对伊朗的经济发展与国内状况造成了空前的压力，但伊朗的所谓"抵抗经济"也在持续发挥作用，并未快速出现美国希望看到的伊朗国内政治或社会层面的危机。[②]与此同时，在美国极限施压的经济制裁之下，伊朗在通过维持伊核协议从而保持与伊核协议其他国家良性互动的同时，也在地区事务上与俄罗斯、土耳其形成了密切沟通乃至合作的关系，这些对美国存在某种程度上的敌意或者在某些议题上与美国存在矛盾的国家"抱团取暖"显然是美国所不希望看到的，甚至是与其目标完全相悖的。[③]此外，由于伊朗在国际石油市场中的关键地位，特朗普政府似

---

① Ishaan Tharoor, "Trump Reimposes Sanctions on Iran. Now What?," *The Washington Post*, Aug 6, 2018, available at: https://www. washingtonpost. com/news/worldviews/wp/2018/08/06/trump – reimposes – sanctions – on – iran – now – what/? utm_ term = . 69137f89da30, 2019 年 3 月 24 日访问。

② Scott B. MacDonald, "The Unlikely Convergence of Russia, Iran, and Turkey," *The National Interest*, Feb 18, 2018, available at: https://nationalinterest. org/feature/unlikely – convergence – russia – iran – and – turkey – 44617, 2019 年 3 月 24 日访问。

③ Keith Johnson, "Iran's Economy is Crumbling, but Collapse is a Long Way off," *Foreign Policy*, Feb 13, 2018, available at: https://foreignpolicy. com/2019/02/13/irans – economy – is – crumbling – but – collapse – is – a – long – way – off – jcpoa – waivers – sanctions/, 2019 年 3 月 24 日访问。

乎也无法立即对伊朗实现石油出口的彻底禁止，所以才出现了 2018 年 11 月公布的涉及多个国家和地区豁免名单的对伊石油出口制裁。总之，无论是在经济施压还是在地缘政治挤压的意义上，特朗普政府目前对伊朗的政策都并未看到可以迅速实现其既定目标的任何进展。

第三，特朗普政府在构建中东反伊联盟方面的成效乏善可陈，无法改变中东地区各种势力激烈竞争的态势。特朗普政府试图以应对伊朗威胁为共同目标，这或许能为以色列和沙特等阿拉伯世界盟友所接受，但这一共同目标并不足以支撑特朗普政府在中东建立起反伊朗的联盟体系。其一，特朗普政府所面对的盟友之间原本就长期存在诸多难以逾越的矛盾，这些矛盾不仅仅是以色列与阿拉伯国家间的矛盾，而且也是阿拉伯国家之间的矛盾，这些矛盾是特朗普政府通过政策调整无法弥合的。其二，虽然沙特等阿拉伯国家盟友对特朗普政府对以色列的过分偏袒仅仅做出表态意义上的反对，但这丝毫不能被视为反伊朗联盟所谓"团结度"的体现，只能说明阿拉伯世界仍是"一盘散沙"，以及沙特等盟友为实现自身目标而对美国有所依赖。其三，在权力结构持续碎片化的情况下，特朗普政府对中东各盟友的支持乃至偏袒，反而加剧了这些地区力量之间关于中东主导地位的地缘争夺。①

必然性与特殊性的困境所在

客观而言，特朗普政府执政以来在中东政策上的延续与调整至

---

① 王锦：《特朗普的中东政策及其前景》，《现代国际关系》2018 年第 8 期，第 38~45 页。

今仍未能使美国在中东走出困境或者摆脱某种意义上的"厄运"。这不仅是因为特朗普政府从本质上接受了美国长期以来在中东设定的不可能完成的目标，而且也与特朗普政府相互牵绊乃至矛盾的政策手段存在必然的关联，甚至也反映出特朗普政府内部在中东政策决策过程中一些不同寻常的特殊性。

第一，特朗普政府设定的中东政策战略目标客观上难以同步实现。如前文提及的那样，特朗普政府接受并选择性地强调了在中东地区的反恐、地缘与经济三大目标。具体而言，经济即控制石油资源的目标显然是美国染指中东地区最关键的"原罪"之一，而要实现这种所谓的"能源瘾"就必然需要在地缘上的主导性控制，至少不允许中东地区存在竞争性的敌对势力，即地缘目标和反恐目标。不过，这些看似具有逻辑的理性战略安排，却在现实中遭遇了很大的矛盾性。作为域外大国，希望控制中东地区的石油资源，也就意味着要通过各种强力方式来控制域内国家。①而在不同宗教、教派、族裔等势力交错分布和各国在安全与发展议题上存在不同期待的中东地区，美国的介入并不可能实现中东各种势力的"同构化"，反而会因为美国自身利益的诉求以及对以色列的过分支持而导致原本分歧不断的中东更加"异构化"。在美国加剧的权力与秩序解构的过程中，对美国持有敌对态度的中东域内势力以及企图与美国抗衡的域外势力的存在与崛起就成为可能。进而，面对着敌对势力，美国采取经济与军事等手段进一步介入与分

---

① 〔美〕傅立民：《美国在中东的厄运》，周琪等译，社会科学文献出版社，2013，第93～94页。

化，比如强化盟友合作、打压敌对势力，其产生的社会动荡与阿拉伯世界中的不平等与屈辱感必然激起中东地区社会层面一些极端情绪或思想的极速抬头，也就持续为极端势力或极端组织提供了沉渣泛起的空间。而敌对势力与极端组织难以阻断的存在又妨碍了美国能源控制等目标的实现，导致美国加倍强力介入，从而进入下一个恶性循环。换言之，美国强调的三大目标本身就存在着对中东不切实际的战略诉求，甚至是与目标失败本身互为因果的。这恐怕就是美国在中东长期发挥最重要作用且又难以脱身、陷入困境的原因所在。特别是在国家实力相对下降的大背景下，特朗普政府仍旧强调这三大目标，更加凸显了美国对中东地区不切实际地念念不忘。

第二，特朗普政府在中东政策上逐渐形成的实施手段凸显了美国力量投射上的捉襟见肘，映射出目前美国在对外事务上的两难。在政策推进仅有两年多的时间中，特朗普政府的对外战略很难被系统界定，但其在地区战略上既延续奥巴马政府的平衡乃至收缩，又同步明显更多介入中东并推进所谓"印太战略"的双重态势令人玩味。① 2018 年 12 月，在访问伊拉克及看望驻伊拉克美军时，特朗普一边强调美国不会撤离伊拉克，一边却又坚称"美国不能再免费做世界警察"。这种看似矛盾的表达被总结为所谓的"鹰派孤立主义"（Hawkish Isolationism），即在强调美国军事势力应持续处

---

① James Benkowski and A. Bradley Potter, "The Center Cannot Hold: Continuity and Change in Donald Trump's Foreign Policy," *War on the Rocks*, Nov 1. 2017, available at: https://warontherocks. com/2017/11/the－center－cannot－hold－continuity－and－change－in－donald－trumps－foreign－policy/，2019 年 3 月 20 日访问。

于领先地位，使其足够确保美国的国家安全并被用于解决国际事务最关键的基础同时，美国既不会在面对可能陷入泥潭的情况下动用武力，也不会在自身毫无相应利益获得的情况下为维护他人利益而进行包括使用武力在内的资源投入。① 这种政策议程在中东事务上的体现就是前文提及的"不做傻事"和强化盟友作用以及主动设置议程的"奇怪组合"。比如在对伊朗政策上，尽管特朗普政府在口头上不断加大威胁，但在事实上则尽可能避免采取武力方式深度介入，而是竭力动员盟友同步向伊朗持续施加最大化的压力。在动员盟友方面，除了对以色列的偏袒之外，特朗普政府对其他盟友显现出"孤立主义"的倾向，希望盟友国家来"购买"美国的支持。因此，美国对伊朗的施压并未能有效实现其目标，需要进一步投入军事等资源，但军事资源的投入不但会违背特朗普的"鹰派孤立主义"，而且也会增加美国陷入新泥潭的可能性，这也是当今美国政治人物不可能承受的压力。从这个意义上讲，有可能在短期内实现目标的政策手段往往会导致特朗普难以面对的长期压力，而目前美国国力与国内政治氛围可以接受的政策手段又无法推进其政策目标的达成。这也是目前特朗普政府在实施中东政策过程中遭遇的又一个"怪圈"。

第三，特朗普政府在制定中东政策的过程中明显表现出受到特殊利益的驱动，导致了对以色列极为罕见的过分偏袒，进而也造成其中东政策的进一步失衡。相比于奥巴马执政期间因为伊核协议等

① Brian Bennett, "President Trump Showed His Contradictory Foreign Policy Doctrine in Iraq. Call it 'Hawkish Isolationism'," *TIME*, Dec 27, 2018, available at: http://time.com/5489044/donald-trump-iraq-hawkish-isolationism/, 2019 年 3 月 23 日访问。

中东政策的调整而导致美国与以色列关系的下降，特朗普政府显然快速恢复了美以关系的热络互动。这种改变当然完全可以理解为是美以特殊关系的回摆，但特朗普政府迁馆耶路撒冷、承认戈兰高地"主权"，甚至推动并强迫巴勒斯坦接受所谓"世纪协议"等做法显然是太过偏袒以色列，甚至不惜以导致地区局势不可控恶化为代价，而且事实上巴勒斯坦最终也并不可能接受"世纪协议"。① 这种做法已超出了以强化美以关系、驱动以色列对抗伊朗而强化盟友目标所需要的支持力度，甚至也未必有利于美国在中东地区的利益诉求。究其原因，特朗普政府对以政策乃至中东政策似乎并不是由国务院以及其代表的职业外交专才系统决定的，而是完全由在特朗普政府决策核心圈中占据关键位置的亲以势力乃至美籍犹太人控制的。比如，从迁馆耶路撒冷到戈兰高地问题上的表态，都是由作为总统高级顾问的特朗普大女婿贾里德·库什纳（Jared Kushner）、已就任美国政府国际谈判特别代表的特朗普的长期律师与合作伙伴杰森·格林布拉特（Jason Greenblatt），以及美国现任驻以大使戴维·弗里德曼（David Friedman）等美籍犹太人发挥了决定性的作用。② 也正是这些在特朗普政府中东决策中起着举足轻重作用的参与者推出了完全偏袒以色列、彻底压制巴勒斯坦的所谓"世纪协议"。事实上，自特朗普执政以来，关于库什纳与以色列总理内塔

① Glen Carey, "Trump's Golan Move Means His 'Deal of the Century' May Be Dead," *Bloomberg*, April 1, 2019, available at: https://www.bloomberg.com/news/articles/2019-04-01/trump-s-golan-move-means-his-deal-of-the-century-may-be-dead, 2019年4月3日访问。

② Michael Hirsh and Colum Lynch, "Jared Kushner and the Art of Humiliation," *Foreign Policy*, Feb 12, 2019, available at: https://foreignpolicy.com/2019/02/12/jared-kushner-and-the-art-of-humiliation/, 2019年3月22日访问。

尼亚胡之间的密切互动及其背后有着商业利益往来的报道就不绝于耳，其中的利益输送与关联性无疑产生了某种程度上的影响。[①] 从这个意义上讲，特朗普政府的中东政策特别是对以色列政策未必是完全为美国国家利益服务的，而是反映了或服务于美国国内某些强烈支持以色列的犹太精英群体的诉求与利益。

内外因素影响的未来走向

必须承认，特朗普政府在中东政策上的调整已全面且不可逆地展开，即便并未实现所规划的目标，其对中东局势也产生了较为深刻的负面影响。就目前而言，中东地区显现出日益明显的"大国退场、离岸平衡和地区力量加强竞逐"的态势。在中短期内，美国的政策调整方向似乎并不会彻底改变当前中东格局的总体结构与趋势，只会加剧其复杂化与不确定性。

就中东未来趋势而言，美国与其他主要力量的互动博弈可能是个关键因素。目前看，美俄博弈、美欧互动、俄土伊三方关系、巴以乃至阿以关系等诸多微妙互动有可能引发中东局势的重大变化。

除了各种力量博弈的因素之外，美国以及相关国家的国内政治走向也将是重要影响指标。比如，就美国而言，特朗普政府目前基于 2020 年大选周期的到来，将更为倾向避免在中东地区深度介入、

---

① Ron Kampeas, "When Netanyahu Slept at the Kushners – Media Tales of Trump's Jewish Confidants," *The Jerusalem Post*, Feb 14, 2017, available at: https://www.jpost.com/American – Politics/When – Netanyahu – slept – at – the – Kushners – and – other – media – tales – of – Trumps – Jewish – confidantes –481486, 2019 年 3 月 22 日访问。

加大极限施压的折中方式。这就意味着，美国对伊朗政策乃至对中东政策，极可能会在 2020 年大选之后迎来一个新的起点。一方面，如果特朗普成功连任，作为再无选举压力的第二任总统，特朗普将在对外政策方面将获得推进自己认定议程的更大空间，届时势必对伊朗实施更多的压力甚至并不排除使用武力；另一方面，如果特朗普连任失败，民主党人再次上台，极有可能再次回到奥巴马政府所推行的中东政策轨道。又如，就伊朗而言，在美国的极限施压之下，伊朗国内的剧烈动荡或者强硬派势力是否存在持续上升甚至主导决策的可能性，应该说是一个值得观察的问题。如果强硬派的声音直接反映在伊朗的某些对外行动中，比如伊朗退出伊核协议等，就会快速改变中东局势，甚至推进事态向着对美国有利的方向发展。换言之，在美国制造负面因素而中东整体权力结构变动缓慢的情况下，主要相关方各自内部的变化以及所引发的对外政策的调整可能是更大的变数。

结　语

　　特朗普政府的中东政策还在调整之中，至少在 2021 年其总统任期届满之前不会停止，甚至有可能继续出现与迁馆耶路撒冷或者戈兰高地决定类似的"惊人之举"，这给中东地区带来的绝不是稳定、和平与繁荣，只会是更多的分歧与更剧烈的动荡。事实上，面对中东局势，美国自身正在陷入无法自拔的恶性循环当中。一方面，"解铃还须系铃人"，中东如今的乱象当然与美国的地区与全球霸权有关，不可能在美国坚持传统战略目标与外交议程的前提下得到任何化解；另一方面，无论是在中东还是在其他地区，美国的外交政策已完全受制于某些固定的国家利益界定与某些特殊群体的利益驱动，无法实现本质性的转向。美国想在中东"乱中取利"，却又不希望"乱"到威胁自己的安全与主导地位。奥巴马政府"廉价存在"政策和伊朗核问题的缓解及伊朗在地区"做大"之间的矛盾就是这一悖论的反映，如今也映射在特朗普继承"离岸平衡"与希望驱动盟友打压伊朗而构成的政策困境中。可以预见，历史积淀的结构性矛盾或困境不会随着美国政府因政党轮替而调整中东政策得到解决，其真正的问题在于美国在中东地区政策的碎片化及存在着自相矛盾的国家利益界定与诉求。

第四章
也门荷台达停火的由来及前景

    2018 年 12 月，也门主要交战方就荷台达地区停火达成协议，为近两年来一直僵持不下的内战局势带来重大转机。联合国方面亦对此寄予厚望，希望荷台达停火能有助于在冲突各方之间重建信任，进而推动也门的和平进程。①

    然而，对于长期遭受战火蹂躏的也门来说，停火协议并不陌生，却屡屡半途而废；和平谈判也绝非首次，但次次无果而终。此番荷台达停火究竟能否突破也门内战数年来"打不动、谈不拢"的宿命循环，成为终结暴力冲突的序曲，还有待时间检验。但若从更深、更广的层面探究停火协议出现的原因、时机及其发展趋势，则不难看出：荷台达的未来对也门战局将有决定性影响，但实质性的政治和解进程仍须取决于也门国内各派别及外部干涉势力的大体平衡；而更长期的、稳定持续的和平局面，则要依赖于有效的政治安排和政府治理，这在也门短期内恐难实现。

---

① 《也门和平谈判结束，联合国欢迎各方达成荷台达停火协议》，联合国新闻，https：//news. un. org/zh/story/2018/12/1024771，上网时间：2019 年 1 月 13 日。

一　破局：荷台达成战场关键

2017 年底，也门前总统萨利赫在与胡塞武装的火并中被截杀身亡，[1] 打破了也门内战数年来南北相持不下的局面。此前，不甘退出权力舞台的萨利赫与昔日宿敌胡塞武装结成临时同盟，占据首都萨那和北方大部分省份，虽然彼此间不乏明争暗斗，但在反对哈迪政府、否定其执政合法性上有共同利益。而受国际社会承认的哈迪政府则在沙特、阿联酋等多国联军支持下，以临时首都亚丁为据点，联合"南方分离运动"和逊尼派部落力量，阻止胡塞—萨利赫联盟南下。双方大体沿 1990 年前南北也门的分界线僵持对峙，在塔伊兹、荷台达、马里卜及萨那东郊等重点地区反复争夺。萨利赫死后，北方阵营瓦解，胡塞武装忙于收拾残局，但也顺势接管了原属于萨利赫的地盘并击溃其支持力量，基本全面掌控了也门北部地区。[2] 与此同时，由于各方对哈迪政府的信心持续下降，原本就松散的南方阵营也已名存实亡：脱胎于穆斯林兄弟会的反对党"伊斯兰改革集团"转为观望；逊尼派地方部落拥兵自重，寻求武装割据；原本支持哈迪统一全境的"南方分

---

[1] April Longley Alley, "Collapse of the Houthis-Saleh Alliance and the Future of Yemen's War," https：//www. crisisgroup. org/middle－east－north－africa/gulf－and－arabian－peninsula/yemen/collapse－houthi－saleh－alliance－and－future－yemens－war，上网时间：2019 年 1 月 13 日。

[2] Simon Henderson, "The Perilous Future of Post-Saleh Yemen," *Policy Analysis of Washington Institute*, December 7, 2017. https：//www. washingtoninstitute. org/policy－analysis/view/the－perilous－future－of－post－saleh－yemen，上网时间：2019 年 1 月 22 日。

离运动”公开要求独立，^①与胡塞武装进行地理分割；“基地”组织半岛分支趁机坐大，占据东南部地区大片土地。^②

在这种情势下，哈迪政府急需在战场上实现突破，以提振其盟友信心，维持其名义上的合法性；而作为哈迪政府的主要支持者，沙特、阿联酋等国联军亦需要一场关键性的军事胜利，一方面阻止胡塞武装继续巩固对也门北部的控制，另一方面也为哈迪政府争取筹码，防止其被排挤出战后权力格局。

荷台达遂成实现战场突破的关键点。荷台达原是红海沿岸的重要港口城市，人口稠密，截至2018年6月，仍有40万~60万人在此聚集、居住；其地理位置得天独厚，扼守曼德海峡，是连接也门国内与国际市场的“生命线”，也门全国商业进口总量的80%、进口食品和燃料的70%以及绝大部分国际人道主义救援物资均由此入境，然后再分送至首都萨那和其他地区。^③

胡塞武装自2015年以来一直控制着荷台达港口及城市，并据此在冲突中享有较明显的战略优势。一是能居高临下威胁通过曼德海峡的油轮、商船甚至军舰，侧面打击支持哈迪政府的力量。据美

---

① Bel Trew, Southern Yemen demands split from north amid fears of fresh conflict: "We will defend out lands", *The Independent New*, December 22, 2018. https：//www. independent. co. uk/news/ world/middle－east/yemen－south－north－war－conflict－violence－land－split－houthi－ coalition－aden－stc－a8695931. html, 上网时间：2019年1月22日。

② Nadwa Al-Dawsari, Foe not Friend: Yemeni Tribes and Al-Qaeda in the Arabian Peninsula, *Project on Middle East Democracy*, February 2018. pp. 12－14.

③ 战前，荷台达港口贸易的收入占也门全国海关收入的40%以上。战争爆发后，沙特主导的多国联军曾对也门实行海陆空全面封锁，但不久便迫于人道主义压力，部分开放了也门与外界的联系。荷台达是其中最主要的一条通道，使其重要性较战前进一步提高。参见 Yemen: Averting a Destructive Battle for Hodeida, *Crisis Group Middle East Briefing* N. 59, 11 June 2018, pp. 2－3。

国能源情报署数据，2016 年经曼德海峡输送至北美、欧洲和亚洲的原油和精炼石油产品约为 480 万桶/天，较 2011 年增加了 45% 以上，约占全球石油出口总量的 4%；[1] 若曼德海峡通道受阻，将会造成从波斯湾出发的油轮无法进入苏伊士运河或抵达苏迈德输油管道，损害沙特、阿联酋等海湾主要产油国利益。胡塞武装曾于 2016 年起多次向经过曼德海峡的沙特油轮和阿联酋运输船以及在也门海岸巡逻的美国军舰发射反舰导弹，昭示其有实力干扰这一重要国际航道的通行安全。[2]

二是能持续不断地获取物资和武器补给，进而获得持续作战的能力。胡塞武装通过荷台达港不仅能获得可观的海关收入，[3] 还能利用地势之便截留人道主义救援物资，优先分配给己方战斗人员使用。[4] 更重要的是，伊朗向胡塞武装提供的武器装备等援助，也时常通过荷台达港输送。沙特主导的多国联军声称，正是由于荷台达港长期存在武器走私，才使得胡塞武装顺利获取了包括导弹组件在内的重型武器，具备了远程袭扰沙特、阿联酋本土的能力。[5]

---

[1] Lejia Villar, Mason Hamilton, "Three Important Oil Trade Chokepoints are Located Around the Arabian Peninsula," *EIU Report*, August 4, 2017. https：//www.eia.gov/todayinenergy/detail.php? id=32352, 上网时间：2019 年 2 月 3 日。

[2] Jeremy M. Sharp, "Yemen：Recent Attacks Against U.S. Naval Vessels in the Red Sea," *CRS INSIGHT*, October 21, 2016. p. 2.

[3] 据沙特、阿联酋联军方面估算，荷台达港每个月能给胡塞武装带来 3000 万~4000 万美元进账。参见 Hodeidah：Saudi Chose "Operation Golden Victory" Over Life of Millions?, June 26, 2018. https：//medium.com/@manchesterweekly/hodeidah-saudi-chose-operation-golden-victory-over-life-of-millions-5d27a178fbe3, 上网时间：2019 年 2 月 3 日。

[4] Jeremy M. Sharp, "Yemen：Civil War and Regional Intervention," *CRS Report*, updated August 24, 2018. p. 2.

[5] Yemen, "Averting a Destructive Battle for Hodeida", *Crisis Group Middle East Briefing* N. 59, 11 June 2018, p. 3.

一言以蔽之，哈迪政府如果不能夺回荷台达的控制权，就很难取得对胡塞武装的军事优势，进而无法扭转不利的政治局面；而胡塞武装若被赶出荷台达，就丧失了与外界联系的通道，不仅上述战略优势荡然无存，还将面临被"锁死"在北部内陆高原的被动局面。

这决定了双方争夺荷台达的战斗必然激烈且持久。2017 年初，以沙特、阿联酋为主的多国联军支持也门政府军发起"金矛行动"，从也门南部控制区开始，沿红海海岸向北推进，但在占领穆哈港（Mokha）后便进展缓慢。2018 年初，哈迪政府抓住胡塞武装与萨利赫联盟破裂之机，"招安"了萨利赫的侄子塔里克及效忠于他的部分共和国卫队武装①，发起新的"红雷行动"，继续在联军空袭配合下向荷台达推进，抵达其南郊杜拉伊米地区。但由于负责地面攻势的也门亲政府武装普遍缺乏城市作战经验，且各派别在战场上争功，协调难度增大，行动再次陷入困顿。②2018 年 6 月，多国联军主导发起"黄金胜利行动"，号称是联军介入也门战局以来最大规模的攻势，也是第一场城市攻坚战，沙特、阿联酋出动战机与军舰，配合政府军的地面行动，兵锋直指荷台达港口。行动初期，联军迅速占领了荷台达国际机场，并切

---

① 这部分"共和国卫队"残余力量据称是也门当前所有受联军支持的亲政府武装中训练最充足、装备最好的一支，其他协同作战的武装力量如提哈马地区抵抗组织等，基本上没有接受过正规军事训练，亦缺乏足够的实战经验。Gareth Browne，"Who are the Yemeni Ground Forces Fighting in Hodeidah?"June 14，2018. https：//www. thenational. ae/world/mena/who - are - the - yemeni - ground - forces - fighting - in - hodeidah - 1. 740197，上网时间：2019 年 2 月 3 日。

② "Yemen：Averting a Destructive Battle for Hodeida，" *Crisis Group Middle East Briefing*，N. 59，11 June 2018，p. 4. & "Fragmentation of Yemeni Conflict Hinders Peace Process，" *Jane's Intelligence Review*，June 5，2018.

断了荷台达与萨那之间的主要通道，但随后遭遇挫折，开始了与胡塞武装的拉锯战。

出现这种情况，一方面是由于胡塞武装拼死抵抗。胡塞方面充分利用城市的地形特征和游击战的丰富经验，抵消联军的火力优势；抓住政府军深入己方根据地、战线过长的弱点，打击其补给线；发射导弹袭击荷台达附近海域的联军舰船，迫其放弃"两栖作战"计划；利用无人机和弹道导弹直接攻击沙特境内机场、油田和军事基地等，从外围向联军施加压力。另一方面则源于美国摇摆不定的态度。特朗普政府迫于人道主义压力，在攻打荷台达的问题上，一直不愿向联军提供明确支持和进一步援助，[①] 使沙特、阿联酋在战场决策中不得不有所顾忌。联军方面不敢对美国示以微词，只能转而指责胡塞武装挟持荷台达数十万平民进行"人道主义讹诈"。

2018 年 9 月、11 月，多国联军和哈迪政府曾在荷台达发动新一轮攻势，均未取得决定性胜利。荷台达也从"突破僵局的关键"变成了新的僵局，但其未来的战与和，对也门整体局势而言仍具有转折意义。

[①] Warren Strobel, Phil Stewart, "U. S. Warns United Arab Emirates Against Assault on Yemeni Port Hodeidah," *Reuters*, June 5, 2018. https：//www. reuters. com/article/us－usa－yemen/u－s－warns－united－arab－emirates－against－assault－on－yemeni－port－hodeidah－idUSKCN1J1314, 上网时间：2019 年 1 月 30 日；Laura Rozen, "US Gives 'Yellow Light' to UAE assault on Yemen Port," *Al-monitor*, June 12, 2018. https：//www. al-monitor. com/pulse/originals/2018/06/us－yellow－light－attack－yemen－port－uae－saudi－arabia－hodeidah. html, 上网时间：2019 年 1 月 30 日；Matthew Lee, "UAE：US Rejects Military Aid Request in Yemen Port Assault," Associated Press, June 14, 2018. https：//www. apnews. com/edfcf946423d41449aa4a0576dbd3487, 上网时间：2019 年 1 月 30 日。

二 停火：内外局势变化使然

在政府军与胡塞武装持续争夺荷台达的过程中，联合国方面一直在积极斡旋荷台达停火，希望以和平方式解决荷台达的归属问题，避免出现更严重的人道主义灾难。2018 年 2 月，马丁·格里菲斯接任联合国新一任也门问题特使，他致力于挽救并重启已停滞近两年的也门和平进程，努力推动交战双方就荷台达问题进行谈判。6 月初，格里菲斯在数月穿梭外交的基础上，提出一份有关荷台达停火的草案，关键内容包括：胡塞武装撤出荷台达，将港口交由联合国控制；胡塞武装分批次交出包括弹道导弹在内的重型武器，作为回报，沙特等多国联军应停止对胡塞武装控制区及其军事目标的空袭；组建也门联合过渡政府，政府构成应"充分代表"各方政治力量。[①] 但是这一方案没有得到冲突参与方的积极回应，也未能阻止联军和哈迪政府在荷台达与胡塞武装爆发激烈冲突。

荷台达战役打响后，联合国方面没有放弃斡旋努力，而是抓住多国联军速战速决的目标受挫、敌对双方在战场上陷入拉锯的时机，加紧对哈迪政府和胡塞武装进行和平游说。2018 年 9 月，双方同意在日内瓦举行谈判，但最终因先决条件和安全保障问题未能谈拢而致和谈流产。此后，虽然沙特、阿联酋、哈迪政府和胡塞武

---

① Warren Strobel, Yara Bayoumy, Phil Stewart, "Yemen Peace Plan Sees Ceasefire, Houthis Abandoning Missiles," *Reuters*, June 7, 2018. https：//www. reuters. com/article/us - un - yemen - exclusive/yemen - peace - plan - sees - ceasefire - houthis - abandoning - missiles - idUSKCN1J22ZE？feedType = RSS&feedName = worldNews，上网时间：2019 年 2 月 3 日。

装等冲突直接相关方均多次表示支持联合国和平解决荷台达问题，但都不愿意做出实质性的让步，同时指责对方缺乏诚意、蓄意破坏谈判。直到 2018 年 12 月 13 日，哈迪政府与胡塞武装才在瑞典首都斯德哥尔摩艰难达成协议。

斯德哥尔摩协议给出了和平解决荷台达问题的路线图，成果超出外界预期。首先，双方同意自 2018 年 12 月 18 日起在荷台达地区（包括荷台达市及荷台达港、萨利夫港和拉斯伊萨港在内）实现局部停火，并于停火生效后 21 天内撤出全部战斗人员；上述地区将按照也门法律、由当地武装在联合国监督下实施管控，以确保平民安全和国际救援物资运送通畅。① 这是协议的首要及核心问题。其次，双方同意自 2019 年初开始交换 1.6 万名战俘，也门政府将释放 7487 名叛军人员，胡塞武装则归还 8576 名被拘捕人员，包括政府国防部前部长马哈茂德·苏拜伊将军和哈迪总统的侄子纳赛尔·艾哈迈德·哈迪以及部分教师、部落成员和宗教人士。② 最后，双方还签署了有关塔伊兹局势的谅解声明，同意由联合国协同双方建立专门委员会，吸纳当地民间代表，共同推动也门西南部塔伊兹省冲突降级，开辟"人道主义走廊"，恢复油气出口等。③ 此外，双方还就 2019 年 1 月底在科威特举行下一轮和谈达成原则一致。

---

① Full Text of the Stockholm Agreement, a document from Office of the Special Envoy of the Secretary-General for Yemen, https：//osesgy. unmissions. org/full – text – stockholm – agreement, 上网时间：2019 年 2 月 17 日。

② Faisal Edroos, "Sealed with a Kiss: Yemen's Rivals Agree to Swap 16000 Prisoners," *Al-Jazeera News*, Dec 11, 2018. https：//www. aljazeera. com/news/2018/12/sealed – kiss – yemen – rivals – agree – swap – 16000 – prisoners -181211115436151. html, 上网时间：2019 年 2 月 17 日。

③ The Yemen Review：Stockholm Agreement Meets Yemeni Reality, *SANA'A Center for Strategic Studies*, January 2019. pp. 30 – 31.

虽然谈判并未触及更多、更核心的问题，谈判双方就重开萨那机场的建议也未能达成一致，但哈迪政府和胡塞武装能签署荷台达停火协议，已实属不易。这既是联合国主导的也门和平进程自2016年陷入僵局之后首次实现突破，也是2018年以来也门局势的重大进展，是各方妥协、算计和利益置换的结果，更是内外局势变化使然。

其一，联合国调低预期，为达成停火创造务实环境。联合国是也门和平谈判的主要倡导者，其动力源于不断累积的人道主义压力。截至2018年底，也门内战已持续四年有余，约6万多人因此丧生，[①] 390余万人流离失所，无数家庭分崩离析。国家经济遭受重创，货币大幅贬值，物资极度缺乏，有840万~1800万人受到严重饥荒威胁，至少8.5万名儿童死于饥饿和营养不良。[②] 据联合国估计，目前也门有超过2400万人急需食物和药品援助，占其人口总数的80%以上。[③] 战争还摧毁了也门的医院、学校、公路和供水管道等基础设施，造成霍乱、甲流等烈性传染病横行。荷台达战役打响后，也门主要物资流通渠道受阻，人道主义危机更是持续升级，达到"全球最严峻"程度，[④] 联合国人道主义援助的压力与日俱增，迫切希望交战双方达成政治和解，缓解每况愈下的局面。

① Press Release："Yemen War Death Toll Now Exceeds 60000 According To Latest ACLED Data," December 2018. https：//www.acleddata.com/2018/12/11/press-release-yemen-war-death-toll-now-exceeds-60000-according-to-latest-acled-data/，上网时间：2019年2月20日。

② UNICEF Yemen Humanitarian Situation Report, December 2018, p. 2.

③ "Humanitarian Crisis in Yemen Remains the Worst in the World, warns UN," *UN News*, February 14, 2019. https：//news.un.org/en/story/2019/02/1032811，上网时间：2019年2月20日。

④ Ruairi Casey, "Yemen is Undeniably the World's Worst Humanitarian Crisis：WFP," *Al-Jazeera News*, https：//www.aljazeera.com/news/2018/09/yemen-undeniably-world-worst-humanitarian-crisis-wfp-180928051150315.html，上网时间：2019年2月20日。

此前，联合国斡旋的和谈均致力于达成政治解决也门冲突的基本框架，议题多围绕实现全面停火、恢复国家机构、推进全国政治对话、确定胡塞武装最终地位等根本性问题展开，参与谈判的各方立场分歧大、妥协空间小，磋商旷日持久亦难达成共识。2016 年科威特和谈历时四个多月，最终未取得任何突破性进展，不得不宣告失败。① 2018 年以来，尤其是格里菲斯接任联合国也门问题特使以来，调整了斡旋策略，将目标分解，优先解决交换战俘、冲突降级、实现局部停火、确保人道主义救援通道等具体问题，增加谈判的技术性内容，减少敏感的政治话题，寄望于敌对双方以较少的妥协达成有限共识，并逐渐积累信任，为重启和平进程创造必要的基础性的条件。② 这在一定程度上减少了对话的难度。

其二，美国内外压力传导，是促成停火的重要因素。美国是沙特的长期盟友，美沙同盟关系是中东地缘政治格局的基础之一。2015 年沙特牵头组建逊尼派多国联军干涉也门内战、扶持也门政府军打击胡塞武装，得到了美国的默许及支持。美国以合作反恐为名，数年来一直向沙特、阿联酋等国提供情报、武器、后勤和技术援助，并协助多国联军协调军事行动、实行海上封锁等。③ 可以

---

① "Yemen Peace Talks in Kuwait end Amid Fighting," *Al-Jazeera News*, https：//www. aljazeera. com/news/2016/08/yemen – peace – talks – collapse – fighting – intensifies – 160807042106210. html，上网时间：2019 年 1 月 22 日。

② Tom Miles, Stephen Kalin, "With Yemen in Turmoil, U. N. Seeks to Build Trust as First Step Towards Peace," Reuter, https：//www. reuters. com/article/us – yemen – security – un/with – yemen – in – turmoil – u – n – seeks – to – build – trust – as – first – step – towards – peace – idUSKCN1LL1Y6，上网时间：2019 年 1 月 22 日。

③ Melissa Dalton, "Critical Questions：U. S. Support for Saudi Military Operations in Yemen, Center for Strategic & International Studies," https：//www. csis. org/analysis/us – support – saudi – military – operations – yemen，上网时间：2019 年 3 月 9 日。

说，沙特在也门的军事行动能力高度依赖美国，哪怕美国只是暂停向沙特提供战斗机配件，都将导致其空军"在两周内停飞"。① 正因为如此，也门人道主义局势恶化也给美国带来了压力，批评者指责美国政府"纵容"沙特在也门为所欲为，导致冲突持续升级、战事绵延不绝。

"卡舒吉事件"爆发后，美国内外压力进一步增加。2018 年10 月初，沙特异见分子、《华盛顿邮报》专栏作家贾迈勒·卡舒吉在沙特驻土耳其伊斯坦布尔领事馆遇害。土方提供的调查证据显示，沙特情报部门卷入了暗杀，王储穆罕默德更被怀疑是幕后主使。沙特国际声誉一落千丈，其内外政策亦遭国际社会口诛笔伐，其中，军事干涉也门的行动更是首当其冲。美国作为沙特盟友和最大的武器供应方，迫于国际舆论，不得不重新考虑在也门问题上的立场，敦促沙特接受联合国斡旋，重启和平谈判。10 月底，美时任防长马蒂斯和国务卿蓬佩奥先后呼吁也门主要交战方在 30 天内达成停火协议，要求沙特支持以政治方案终止也门内战。11 月上旬，美军方又宣布停止向沙特、阿联酋等国参与也门军事行动的战机提供空中加油服务。② 与此同时，美国国内反对党也抓住也门危机大做文章，批评特朗普为谋取军售和经济利益，与沙特过度捆绑，要求政府反思对沙政策，停止援助沙特在也门的军事行动。

① Ali Harb, "Saudi Arabia Would end Yemen War without US Support," *Middle East Eye News*, https://www.middleeasteye.net/news/saudi–arabia–would–end–yemen–war–without–us–support–experts–say, 上网时间：2019 年 3 月 9 日。

② Phil Stewart, "U.S. Halting Refueling of Saudi-ed Coalition Aircraft in Yemen's War," *Reuters*, November 10, 2018. https://www.reuters.com/article/us–usa–yemen–refueling/u–s–halting–refueling–of–saudi–led–coalition–aircraft–in–yemens–war–idUSKCN1NE2LJ, 上网时间：2019 年 3 月 16 日。

2018 年 12 月，美参议院以 56 票支持、41 票反对通过决议，呼吁政府尽快采取行动结束也门战争；[1] 2019 年 2 月，新一届众议院又以 248 票对 177 票通过类似议案，援引 1973 年"战争权力法"，要求政府停止"非法"卷入海外冲突；3 月，参议院再次通过议案，向特朗普施压，要求"30 天内退出也门战争"[2]。

其三，沙特政策环境恶化，被迫软化在也门的立场。沙特为尽快淡化"卡舒吉事件"的恶劣影响、巩固与美国的同盟关系，不得不考虑美方关切；且国际社会也就此不断向沙特施加压力，英、德、挪威等国先后宣布冻结对沙军售。沙特被迫在也门问题上做出和解姿态，要求哈迪政府配合联合国主导的停火斡旋。

但沙特的政策阻力远不止于此。两年多来，沙特领导的多国联军在也门战场骑虎难下、进退不得，日常军事行动消耗巨大，经济负担沉重。虽然沙特政府从未公布相关数据，但据美国威尔逊中心的学者估算，2015 年多国联军在也门的军事行动每日消耗约 2 亿美元，其中大部分由沙特负担；[3] 之后战事转入持久胶着，沙特仍须每月花费 50 亿～60 亿美元以维持在也门的空袭和地面行动。[4]

---

[1] "Congress and the War in Yemen: Oversight and Legislation 2015 – 2019," *CRS Report*, R45046, updated February 1, 2019. p. 13.

[2] Senate votes to end US support of Saudi-led Yemen war, *BBC News*, March 14, 2019. https://www.bbc.com/news/world – us – canada – 47564274, 上网时间：2019 年 3 月 16 日。

[3] David Ottaway, "Saudi Arabia's Yemeni Quagmire," *Wilson Center*, Dec 15, 2015. https://www.wilsoncenter.org/publication/saudi – arabias – yemeni – quagmire, 上网时间：2019 年 1 月 30 日。

[4] Michael Horton, "Saudis Find Out Hard Way: Yemen Is Another Graveyard of Empires," *The American Conservative*, March 6, 2018. https://www.theamericanconservative.com/articles/saudis – find – out – hard – way – yemen – is – another – graveyard – of – empires/, 上网时间：2019 年 1 月 30 日。

这尚不包括支持哈迪政府维持中央银行以及用于人道主义救援和局部重建的资金。此外，沙特领导的军事力量虽号称"多国联军"，事实上除阿联酋外其他盟国均已相继退出，且沙特、阿联酋两国在也门的利益分歧也逐渐显现。沙特与也门毗邻，更关注也门北部边境控制权和战后权力安排，核心目标是培育、扶植一个亲美亲沙特的逊尼派政府，确保也门未来成为其稳定的势力范围和对抗伊朗的"缓冲区"。阿联酋的利益重点是在也门南部沿海投入资源，建立军事基地，寻找代理人，意在分享对曼德海峡的控制权，获取向非洲之角地区辐射影响力的战略支点，并伺机绞杀也门穆斯林兄弟会势力，[①] 因而无心恋战，继续支持哈迪政府向北推进、统一全境的意愿也有所下降。沙特眼看依靠军事行动彻底击败胡塞武装的希望渺茫，同盟内部又潜藏着分裂风险，不得不将政治解决途径纳入选择范围，以实现"体面脱身"。

其四，胡塞武装审时度势，谋求当前利益最大化。胡塞武装目前控制着也门大部分人口稠密地区[②]以及首都萨那、荷台达等战略要地，但自保有余，反击无力。尤其失去萨利赫集团及其领导的全国人民大会党的襄助，很难再次突破荷台达、塔伊兹地区的战线向东向南扩张。因长期被政府军围困，又遭沙特等国频繁空袭，胡塞武装控制区内物价飞涨，食品和药物严重短缺，公务人员和教师、

---

① Neil Partrick, "The UAE's War Aims in Yemen, October 24," 2017. https：//carnegieendowment. org/sada/73524，上网时间：2019 年 2 月 17 日。

② 据称，约 80% 的也门人口居住在胡塞武装控制区内，沙特针对胡塞控制区的空袭和封锁导致了严重的人道主义后果。参见 Daniel Larison, "The Economic War on Yemen," *The American Conservative*, October 27, 2018. https：//www. theamericanconservative. com/larison/the - economic - war - on - yemen/，上网时间：2019 年 2 月 20 日。

医生等已年余未有收入，普通民众生活日益困顿。2016 年，哈迪政府将中央银行总部迁往亚丁，切断胡塞武装的重要资金来源；2018 年，多国联军控制荷台达市外围，破坏沿海港口与首都萨那之间的交通线，加剧了胡塞武装控制区内物资匮乏的情况。[①] 胡塞武装将战争和人道主义危机归咎于沙特、美国等外部势力的干涉，指责哈迪政府"叛国通敌"，煽动民众仇外情绪以维系支持率，但并无有效措施改善处境。

伊朗在地缘政治斗争中处于被动，胡塞武装亦恐失去唯一外援。特朗普上台后，对伊朗政策不断收紧，2018 年，美国全面退出伊核协议，不仅对伊朗重启制裁且层层加码，还联合沙特、以色列等国家组建"反伊联盟"，共同遏止伊朗影响力扩张，更有意斩断其与境外代理人的联系，以"消除地区不稳定因素"[②]。伊朗自顾不暇，对胡塞武装的援助也日益缩水。胡塞武装缺乏必要的武器弹药补给，在战场上的实力难免衰退。在这种情况下，也乐于借沙特"服软"之机接受和谈，以缓解当前困局，谋取更多有利条件，将岌岌可危的军事成果转化为实打实的权力分配份额。2018 年 11 月，胡塞武装还曾主动宣布暂停向沙特、阿联酋境内发射导弹，意在显示诚意，占据谈判主动权。

---

① Mohammed Ghobari, "Saudi-led Coalition Seizes Main road Linking Yemen's Hodeidah to Sanaa," *Reuters*, September 13, 2018. https：//uk. reuters. com/article/uk – yemen – security/saudi – led – coalition – seizes – main – road – linking – yemens – hodeidah – to – sanaa – idUKKCN1LT13H, 上网时间：2019 年 2 月 2 日。

② Roberta Rampton, Jonathan Landay, "U. S. Counterterrorism Strategy Puts New Focus on Lran and Proxies," *Reuters*, October 5, 2018. https：//www. reuters. com/article/us – usa – counterterrorism – bolton/u – s – counterterrorism – strategy – puts – new – focus – on – iran – and – proxies – idUSKCN1ME2HB, 上网时间：2019 年 2 月 23 日。

三　变数：能否突破无效循环

荷台达停火协议固然来之不易，但更严峻的挑战在于它能否顺利落实。

从 2015 年至今，哈迪政府与胡塞武装签署过的大大小小停火协议不下数十份，但无一例外均很快遭撕毁，有些甚至未及生效便成一张废纸。双方相互指责对方违反协定，不愿承担责任，致使敌对情绪和不信任感加倍累积。也门所谓"停火协议"已经陷入屡战屡谈、屡谈屡破的无效循环，交战双方甚至形成了相对固定的行为模式：胡塞武装一直利用谈判来争取时间，调整军事力量部署；而哈迪政府和多国联军则定期通过外交途径向国际社会发出信号，表示愿意讨论政治解决方案。但事实上，胡塞武装和哈迪政府，甚至包括沙特主导的联军在内，都对各自的军事前景过于自信，从未打算在谈判中做出实质性让步，也不愿因协议停火而放弃任何"可能的"军事优势。[①] 且双方猜忌程度之深，使其即便在获得联合国明确担保的情况下，也都不愿亦不敢在战场上后退半步。

此次荷台达停火协议并未跳出这种大环境，且协议本身也有明显的"先天不足"。一是诸多关键细节尚未商定，包括荷台达港被托管后的海关收入如何分配；在联合国监督下，停火期间负责港口及荷台达市治安的"当地武装"应由哪些人员构成；政府军与胡

---

① Elana DeLozier, "Framing Yemen Peace Negotiations," Policy Watch 2974, *The Washington Institute for Near East policy*, May 31, 2018. https：//www. washingtoninstitute. org/policy – analysis/view/framing – yemen – peace – negotiations，上网时间：2019 年 2 月 27 日。

塞武装分别撤出荷台达交战区域的顺序、方式和路线图；双方武装力量重新部署的具体地点和边界；等等。这主要是因为联合国作为谈判的主要斡旋者和责任方，不愿错过难得的谈判窗口期，为尽快推动哈迪政府和胡塞武装达成原则性共识并实现和谈的零突破，避免双方在细节上争执不休，遂将一些技术问题交由后续磋商解决。① 这就意味着停火协议最终能否落实、能在多大程度上落实，仍须取决于一系列艰苦谈判的结果。二是缺乏切实有效的监督和保障手段。协议签署后，联合国组建"重新部署协调委员会""荷台达协议支持团"等，负责监督停火、协调哈迪政府和胡塞武装从荷台达港口及城市撤军等相关事宜。联合国代表"不统一着装，不配备武器"，主要通过分头磋商和穿梭外交等方式敦促双方履行承诺；对于明显违反协议的行为，除进行舆论谴责外，并不能施以有效的惩罚。

停火协议签署数月以来，落实情况确实不容乐观。虽然联合国也门问题特使多次表达对斯德哥尔摩会谈成果和荷台达停火的信心，并声称交战双方就协议执行细节的谈判正在有条不紊地推进，但哈迪政府和胡塞武装的立场不断反复、执行期限一再拖延，给和平前景蒙上了不祥的阴影，国际社会更是普遍担心荷台达停火协议最终也难逃"无效循环"。

一方面，自协议签署以来，荷台达地区持续爆发零星冲突，撤

---

① Adam Baron, "Out of Stockholm: Diplomacy and de-escalation in Yemen," *Commentary of European Council on Foreign Relations*, January 15, 2019. https://www.ecfr.eu/article/commentary_out_of_stockholm_diplomacy_and_de_escalation_in_yemen, 上网时间：2019 年 2 月 23 日。

军安排至今未能实现。谈判双方都抓住协议的模糊性，对港口控制权的归属各自解释，各执一词，互不相让。胡塞武装指责哈迪政府有意曲解协议，妄图乘虚而入接管港口设施，[①] 通过"诡计"获取"军事手段无法获得的胜利"，因此己方"决不能放弃荷台达港"；[②] 联军和哈迪政府则指责胡塞武装蓄意破坏停火，并以此为由拒绝从荷台达外围撤离。

另一方面，双方在荷台达之外的战场上冲突加剧。哈迪政府和胡塞武装相互指责致使矛盾激化，且都想通过军事行动占据"上风"，但碍于联合国压力不便在荷台达大打出手，遂加强了在其他地区的较量。2019 年 1 月 10 日，胡塞武装使用无人机袭击位于也门南部拉赫季省的阿纳德空军基地，造成包括政府军副总参谋长在内的数名高级军官伤亡；沙特主导的多国联军帮助政府军展开报复，对首都萨那实施大规模空袭，摧毁胡塞

---

① 据联合国也门问题特使格里菲斯介绍，哈迪政府和胡塞武装于 2 月中旬就荷台达撤军的"第一阶段"形成共识，双方同意分两个步骤执行撤军计划。首先，胡塞武装从荷台达港以北的萨利夫港（主要用于谷物进口）和拉斯伊萨港（主要是石油通道）撤离 5 公里，并清除此前埋下的大量地雷；随后，胡塞武装从荷台达港撤出，哈迪政府从荷台达市东郊撤走，让出通往红海面粉厂和其他关键设施的通道。"第二阶段"计划还未商定，但预计将解决军力重新部署的细节问题，实现荷台达地区的非军事化。但胡塞武装担心联军和哈迪政府不会执行协议，反而会趁其兵力空虚之际占领荷台达；同时对联合国的中立立场和担保作用也缺乏信心。Aziz El Yaakoubi & Michelle Nichols, "Yemen's parties agree to start stalled troop withdrawal from main port," Reuters, February 18, 2019. https：//www. reuters. com/article/us－yemen－security－un/yemens－warring－parties－agree－on－first－phase－of－redeployment－u－n－idUSKCN1Q60QY，上网时间：2019 年 3 月 7 日；Carole Landry，"UN presents new plan for Yemen pullback from key port," Yahoo News, March 20, 2019. https：//www. yahoo. com/news/un－presents－plan－yemen－pullback－key－port－163326027. html，上网时间：2019 年 3 月 21 日。

② "Yemen's Rebels Vow Never to Surrender a Major Port," VOA News, March 19, 2019. https：//www. voanews. com/a/yemen－s－rebels－vow－never－to－surrender－a－major－port/4838517. html，上网时间：2019 年 3 月 21 日。

武装多个军事目标。双方又呈剑拔弩张之势，还殃及国际组织用于存放救援物资的数个仓库。根据全球"武装冲突地点和事件大数据项目"（AC-LED）的报告，自停火协议生效三个月以来，荷台达地区与冲突相关的死亡人数下降了20%以上；[①] 但在塔伊兹、哈杰和焦夫等省份的死亡人数明显上升。挪威难民委员会统计数据显示，仅哈杰和塔伊兹两省的平民伤亡就较此前增加了一倍多。[②]

除在荷台达实现停火之外，斯德哥尔摩协议的其他条款落实也进展缓慢。即便是在双方分歧最小的战俘问题上，虽已在约旦举行过两轮后续会谈，仍未能确定最终人员名单和交换战俘的具体方式、时间和地点。

四 未来：和平道路既阻且长

虽然联合国方面仍对斯德哥尔摩协议及其后续谈判保持着谨慎乐观的态度，但荷台达停火协议最终破裂的可能性在不断上升。这使得此前数月国际社会热切盼望的也门和平进程再一次变得希望渺茫。

事实上，考虑到也门局势的复杂程度，国际社会显然从一开始就

---

① "Yemen War Deaths on Overall Decline as UN Works to Salvage Truce," a *REPORT from Armed Conflict Location and Events Dataset*, 20 March, 2019. https://reliefweb.int/report/yemen/yemen-war-deaths-overall-decline-un-works-salvage-truce, 上网时间：2019年3月21日。

② "Civilian Casualties Double in Parts of Yemen Since Ceasefire," *Norwegian Refugee Council*, March 18, 2019. https://www.nrc.no/news/2019/march/Civilian-casualties-double-in-parts-of-Yemen-since-ceasefire/, 上网时间：2019年3月20日。

对此次停火寄予了过高期望。协议若被撕毁固然将会使荷台达地区重新陷入激烈的冲突，全国性的人道主义危机亦将持续恶化，交战双方建立信任与对话机制的设想更无从谈起；即便事态朝着最乐观的方向发展，哈迪政府与胡塞武装实现了最大程度的妥协，协议得以在跌跌撞撞中执行，也未必就能顺理成章地成为"也门和平的新机会"。[①]

也门内战与中东地区的另外两大热点冲突——叙利亚内战、利比亚内战——有根本性差异，它由历史的和现实的、动态的和静态的、国内的和地区的多组矛盾共同催生，在发展变化中逐渐具备了三重属性。

一是国家治理失败的必然结果。也门目前的政治失序始于2011 年"阿拉伯之春"的失败，但各方冲突的根源则应追溯到三十年前甚至更远。南、北也门在20 世纪60 年代亚非拉民族解放运动大潮中先后建立了现代国家政权，却未能建立起完善的现代化治理体系，传统部落势力在国家政治和社会文化中仍然占据重要地位，较大的部落或部落联盟甚至拥有自治权和独立的军事力量，部落忠诚超越国家认同。[②] 1990 年南、北也门仓促统一，非但没能解决国内政治版图碎片化、治理体系不连贯的痼疾，反而增加了南北方权力、资源和经济利益分配不均的矛盾，[③] 刺激南部分离主义思潮和运动兴起。2011 年政治强人萨利赫倒台，释放了国内各派力

① "Yemen at an Inflection Point," *International Crisis Group*, *January 28*, 2019. https：//www. crisisgroup. org/middle – east – north – africa/gulf – and – arabian – peninsula/yemen/yemen – inflection – point, 上网时间：2019 年2 月23 日。

② Gerald M. Feierstein, "Yemen：The 60 – year War," *Middle East Institute Policy Paper*, February 2019, pp. 4 – 8.

③ Peter Salisbury, "Yemen：National Chaos, Local Order," *Chatham House Research Paper*, December 2017, pp. 8 – 9.

量要求重新分配国家政治经济利益的需求，由此形成的权力真空又给"基地"组织半岛分支等极端群体提供了发展空间。① 2012～2014 年也门全国对话会议和政治过渡进程失败，正是由于各派未能达成最基础的妥协与共识。② 其中，胡塞武装决定以"最擅长"的武力手段争取权力，③ 由此引发新一轮内战和外国军事干涉，也门危机也因此集中表现为哈迪政府与胡塞武装的直接冲突。但这并不能掩盖也门国内派别林立、利益诉求差异大、相互间矛盾累积深的基本事实，也不应简单地认为结束沙特和阿联酋等国对也门的干涉、实现哈迪政府与胡塞武装的和解，就能为也门带来持久和平。

未来也门危机的政治解决方案必须扩大到国内其他"实力派"，如全国人民大会党、伊斯兰改革集团、南方分离运动组织、地方部落及部落联盟等，首先在各方共识的基础上组建一个强有力的、稳定的中央政府来控制局面，进而才能讨论重建经济社会秩序和各类基础设施。在此之前，国际社会任何改善也门人道主义状况的努力，都只能起到暂时效果。④ 换言之，解决长期、普遍存在的国家治理问题，才是终结也门危机的治本之道。

---

① Katherine Zimmerman, "AQAP Expanding Behind Yemen's Frontlines," *Critical Threats*, February 17, 2016. https：//www. criticalthreats. org/analysis/aqap – expanding – behind – yemens – frontlines, 上网时间：2019 年 1 月 28 日。

② Peter Salisbury, "Yemen：National Chaos, Local Order," *Chatham House Research Paper*, 20 December 2017, https：//www. chathamhouse. org/publication/yemen – national – chaos – local – order, 上网时间：2019 年 1 月 28 日。

③ Jeremy M. Sharp, "Yemen：Civil War and Regional Intervention," *CRS Research Paper*, August 24, 2018. p. 1.

④ Caroline Caywood, "3 Ways to Change Yemen," *The National Interest*, December 19, 2018. https：//nationalinterest. org/blog/skeptics/3 – ways – change – yemen –39082, 上网时间：2019 年 3 月 12 日。

　　二是地缘政治斗争扩大的产物。沙特牵头组建逊尼派多国联军干涉也门内战，其核心目标是阻止伊朗影响力进入阿拉伯半岛南部。尤其是近几年来，伊朗在中东地缘争夺中明显处于上风，通过介入叙利亚危机和反"伊斯兰国"战争，强化了与叙利亚、伊拉克、黎巴嫩等国什叶派力量的联系，支持、协助其发展壮大，打通了阿拉伯半岛北部从德黑兰经巴格达、大马士革到贝鲁特的"什叶派走廊"；又借海湾国家合作委员会内部分裂之机，着力拉拢卡塔尔，在半岛中部楔入"钉子"，对沙特形成了直接的战略威胁。[①]若什叶派胡塞武装最终在扼守半岛南部的也门权力斗争中占据优势，伊朗就会获得从北、中、南三线对沙特形成合围的机会。在这种形势下，也门对沙特而言已成了一场既不能退又不能输的战争。支持也门哈迪政府打击胡塞武装，不仅直接关系到当前沙特南部边境安全，而且涉及其长远的地区战略布局和势力范围争夺。

　　截至目前，也门局势一直在朝着对沙特不利的方向发展。多国联军在行动之初想要"速战速决"的愿望早已落空，胡塞武装在外部压力下反而加强了与伊朗的联系，[②]国际社会持续施压要求沙

---

① "Vali Nasr, "Iran Among the Ruins: Tehran's Advantage in a Turbulent Middle East," *Foreign Affairs*, April 2018. https://www.foreignaffairs.com/articles/middle – east/2018 – 02 – 13/iran – among – ruins，上网时间：2019 年 3 月 15 日。

② 在也门内战之前，胡塞武装与伊朗除同属什叶派之外，联系相对较少。除历史原因外，很大程度是因为胡塞武装的核心诉求是摆脱在国家政治、经济中的边缘地位，获得更多权力，但伊朗在这方面能提供的帮助有限。但沙特介入也门内战后，改变了战场上各方力量对比，迫使胡塞武装增加了对伊朗武器和财政支持的依赖。此外，胡塞武装与伊朗在政治上的亲近感也进一步凸显，即均将美国视为地区的不稳定因素和伊斯兰的敌人，将沙特视为与美国沆瀣一气的阿拉伯傀儡政权。参见 Barbara A. Leaf and Elana Delozier, "It's Time for a Serious Saudi-Houthi Back Channel," War on the Rocks, https://warontherocks.com/2019/01/its – time – for – a – serious – saudi – houthi – back – channel/，上网时间：2019 年 3 月 4 日。

特接受和谈，美国对其政策支持也出现松动迹象。按这一趋势发展，和谈或许是沙特未来在也门绕不开的选择，但其妥协和退让的空间非常有限。一方面，沙特或可接受胡塞势力进入新政府，但绝不可能容忍其对南部边境造成长久威胁，必然要求其解除武装，这与胡塞武装的利益尖锐对立，不可调和。另一方面，也门战争还是沙特王储小萨勒曼的重大"政绩工程"之一，关乎其颜面和声望，在沙特国内权力即将交接的敏感阶段，也很难在此问题上做出重大让步。

三是被大国中东政策变化裹挟。奥巴马政府时期，美国在也门的核心利益是反恐，主要通过向也门政府提供经济援助来落实其"轻脚印"反恐战略，对其内政的重点关注在于避免产生长期无政府状态、给极端组织以发展空间。[1] 特朗普上台后，一改前任与伊朗接触、对话的策略，将"反恐"与"遏伊"作为美国中东政策的两大支柱，并指称伊朗是最大"支恐国家"，遏伊即是反恐；还特别强化了与沙特的利益捆绑，将美沙同盟关系视为落实美政策目标的必要基础。这种变化导致美国在也门的利益内涵扩大，除反恐外，支持沙特等盟国行动、遏制伊朗及其代理人势力，也成为服务于当前特朗普政府中东政策的应有之义。正因为如此，虽然美国国内反对党派不断在国会施压，要求政府退出也门战争，但特朗普不为所动，甚至威胁要使用总统否决权来对抗国会决议，[2] 以国家利

---

[1] Bruce Riedel, "A Brief History of America's Troubled Relationship with Yemen," *Brookings*, October 22, 2018. https：//www.brookings.edu/blog/order－from－chaos/2018/10/22/a－brief－history－of－americas－troubled－relationship－with－yemen/，上网时间：2019 年 3 月 10 日。

[2] Patricia Zengerle, "Trump Objects to Measure Ending Support for Saudis in Yemen War," *Reuters*, February 12, 2019. https：//www.reuters.com/article/us－usa－saudi－yemen/trump－objects－to－measure－ending－us－support－for－saudis－in－yemen－war－idUSKCN1Q102V，上网时间：2019 年 3 月 12 日。

益为名力挺沙特。未来美国国内围绕本届政府与沙特关系及对中东政策的政治角力仍将继续，其走向势必会对也门局势及其和平进程产生重要影响。

此外，俄罗斯为扩大在红海地区的势力范围，也以调停为名，于 2018 年开始逐渐加强与也门南部武装力量的联系。俄驻也门大使公开表示，代表南方分离主义运动的"南部过渡委员会"应当在也门冲突的和平解决方案中拥有"足够的代表"，应积极参与联合国主导的也门问题谈判。① 外部介入者的增加，使也门内战局势进一步复杂化。

概言之，上述三重属性在也门冲突中相互交织、相互影响，这就决定了结束也门内战需要解决多重矛盾，满足多方条件，其秩序重建之路遥远且漫长，绝非朝夕之功。从外部看，如果美国和沙特始终将胡塞武装视为伊朗代理人，那么在地区格局不发生根本变化的前提下，其对也门局势的干涉和对胡塞武装的军事、政治打压就不可能停止，也门也就不可能实现真正和平；从内部看，如果也门各派始终不能就权力分配方案达成妥协，新的冲突风险乃至国家分裂的风险就将持续存在，政治解决进程也难以向前推动。更进一步说，也只有在和平、有序的基础上逐步解决国家治理问题，才能阻止也门继续在"失败国家"的边缘游荡。

---

① 俄支持南方分离运动的主要动机是获得其支持，在其控制的亚丁港附近建立军事基地，开辟通向红海和非洲之角地区的门户。此前，俄曾把希望寄托在前总统萨利赫身上，并协助萨利赫与沙特方面接触，有意助其重新掌权。但 2017 年底萨利赫身亡，致俄前期计划落空，不得不重新寻找"合作者"。参见 Samuel Ramani, "Russia's Mediating Role in Southern Yemen," *Carnegie Endowment for International Peace*, https：//carnegieendowment.org/sada/ 77482，上网时间：2019 年 1 月 18 日。

第五章

伊拉克国家重建进程中的制度困境

2017 年 11 月，伊拉克总理海德尔·阿巴迪正式宣布打击"伊斯兰国"恐怖组织行动取得胜利，解放了被"伊斯兰国"占领的地区。在长达三年多的打击"伊斯兰国"的过程中，国际社会和伊拉克政府均认为安全挑战是伊拉克国家重建进程中面临的最紧迫问题。2018 年因战胜"伊斯兰国"带来的普遍乐观情绪，使一些政治分析人士认为伊拉克已经根除了导致长期冲突动荡的因素。但是这一年国内的发展态势表明，伊拉克自 2003 年以来陷入长期暴力冲突的历史怪圈仍然存在。为了维护国家的和平稳定，防范极端主义再度抬头，避免出现其他类型的反叛运动，伊拉克政府必须采取有效措施解决国内的政治、经济和社会等问题，只有这样，才能从根本上消除国内不稳定因素。

一 5月议会大选与政治危机

2018 年 5 月 12 日举行的议会大选是推翻萨达姆复兴党政权后的第五次大选，这次选举在伊拉克政治发展中具有重要意义，主要表现为：一方面，这次大选是在击败"伊斯兰国"和库尔德人举行独立公投后的首次选举；另一方面，当前伊拉克面临诸多矛盾与危机，诸如涉及战后重建、打击政治腐败、消解教派纷争和库尔德问题等，未来的伊拉克中央政府如何解决这些问题，都将与这次伊拉克大选结果息息相关。[①] 本次大选总计有 6904 名候选人，代表超过 80 个集团（含政党与政党联盟），角逐 329 个议会席位。[②]

在击败"伊斯兰国"后，虽然伊拉克国内安全局势整体上趋于稳定，但政府内部的派系权力之争日趋激烈。5 月议会选举前，伊拉克各政治派别就已经表现出明争暗斗的态势，主要的宗派政治集团有：一是以什叶派政治团体为主的全国联盟，它由法制国家联盟、法塔赫联盟、萨德尔阵线等 30 余个政治团体组成，核心人物为伊拉克现任总理阿巴迪、前总理马利基、交通部前部长哈迪·阿米里、什叶派教士萨德尔等人；二是以逊尼派政治团体为主的全国力量联盟，它由团结改革者联盟、阿拉伯人联盟等党团组成，其主要领导人为努嘉伊费，核心领导人为伊拉克议长居布里和穆特拉克；三是爱国联盟阵线，它是一个跨教派的政治联盟，其领导人是阿拉维；四是库尔德联盟，由库尔德爱国联盟、库尔德民主党等库尔德人政党和土库曼自由组织者在内的 13 个政治团体组成，其核心领导人为库区主席、库尔德民主党领导人巴尔扎尼和库尔德爱国联盟的主席马苏姆。以上这四大派别中以什叶派为主的全国联盟在伊拉克政坛中的力量最强，伊拉克战争后该联盟长期占据权力主导地位，其核心人物多属于伊拉克执政党（达瓦党）的主要领导者，

---

① Toby Dodge, Iraq: "A Year of Living Dangerously," *Survival Global Politics and Strategy*, Vol. 60, No. 5, p. 43.

② 唐恬波：《伊拉克议会选举：有表无里》，《当代世界》2018 年第 12 期。

他们主要以竞选伊拉克总理之位为目标；逊尼派的全国力量联盟和跨教派的爱国联盟阵线实力较弱，逊尼派全国力量联盟参选的目的是维护伊拉克国内逊尼派和其他少数派的利益；库尔德人的政治势力在伊拉克政府内则自成一系，他们主要为维护库尔德人和土库曼人等其他非阿拉伯民族的利益。

这次大选表现出两大显著特点。第一，投票率创历史新低。尽管本次大选期间政府采取了严密的安保措施，保证了投票过程安全有序，但是最终的投票率仅为44.52%，创下自2003年复兴党垮台以来的新低。从表1中可以看出，前四次选举中投票率最低的是2005年，当时主要是因为国内逊尼派阿拉伯人的抵制和国内的安全形势极度恶化等。这次选举出现超低投票率则与2005年大选的原因截然不同，因为本次大选中逊尼派占多数的省份投票率与其他省份基本相当，也就是说出现了全国范围内的低投票率，其中仅有4个省份的投票率高于50%，最高的是从"伊斯兰国"占领中解放出来不久的尼尼微省，达到了53%。伊拉克库尔德地区的埃尔比勒和基尔库克两个省的投票率仅为40%，而南部巴士拉省的投票率更低至14%。[①] 究其原因是选民普遍认为通过选举不可能改变2003年后形成的权力格局，人们对选举表现出冷淡情绪，甚至在社交媒体上呼吁抵制选举活动。还有大选前夕，伊拉克大阿亚图拉西斯塔尼发布法特瓦，表示是否参加投票最终由每个人自己决定，这更加助长了普通民众对选举的抵制行为。西斯塔尼表示不再支持

---

① Toby Dodge, Iraq: "A Year of Living Dangerously," *Survival Global Politics and Strategy*, Vol. 60, No. 5, p. 42.

什叶派团体政党，实际上变相承认了民众对选举能否带来实质性变革的质疑。另外，占伊拉克人口绝对多数的 30 岁以下的年轻人，大多选择待在家里而不是前往投票站。据巴格达一个投票站的工作人员介绍，前来投票的大多数是年长者和妇女，与前几次投票情形相比，这次很少看到投票站外民众集体庆祝活动。可见，多数人放弃投票是因为不相信选举能够改善国家腐败盛行、经济凋敝的现状，也就是说多数民众对 2003 年后的政治体制严重不满和深表怀疑。[1]

表1　2003 年后历次伊拉克议会选举的投票率

选举日期	投票数（人）	登记选民（人）	投票率（%）
2005 年 1 月 30 日	8550571	14662639	58. 32
2005 年 12 月 15 日	12396631	15568702	76. 63
2010 年 3 月 7 日	11526412	19000000	60. 67
2014 年 4 月 30 日	13013765	21500000	60. 53
2018 年 5 月 12 日	10840998	24350850	44. 52

资料来源：作者根据有关数据自制。

第二，萨德尔领导的"行走者联盟"出人意料地获胜。5 月大选前被看好的是总理阿巴迪和什叶派民兵领导人阿米里，前者有赢得反恐战争、遏制库尔德人独立运动的政绩加持，后者则因在反击"伊斯兰国"斗争中保护什叶派平民而赢得拥护。[2] 然而最终选举结果却出人意料，萨德尔领导的"行走者联盟"获得 150 万张选票，赢得议会 54 个席位，在 19 个省份的 10 个省中位居第一。萨德尔领

---

① 唐恬波：《伊拉克议会选举：有表无里》，《当代世界》2018 年第 12 期。
② 唐恬波：《伊拉克议会选举：有表无里》，《当代世界》2018 年第 12 期。

导的"行走者联盟"能够获取最多选票的原因主要有：一是联合伊拉克共产党组成竞选同盟，而伊拉克共产党是一个超越宗派主义的世俗化政党，代表了跨宗派利益，借此争取到了其他宗派的选票支持；二是提出了顺应民意的竞选口号，主张进行政治改革、反对腐败和抵制外部势力干涉伊拉克内政等纲领；三是年仅44岁的萨德尔将自己打造成伊拉克遭受边缘化和最贫困阶层的代言人，因而获得了普通民众的大力支持。伊拉克总理海德尔·阿巴迪领导的"胜利联盟"仅获得113万张选票，在议会席位中赢得42席，在获得的选票排名中名列第三。这一结果表明了当前伊拉克政治精英的真实处境，他们大多数是萨达姆政权时期的海外流亡人士，逐渐失去了民众的信任和民意支持。乔斯特·赫勒曼（Joost Hilermann）指出："萨德尔领导的'行走者联盟'胜出，标志着伊拉克本土政治家在大选中首次获胜，萨德尔作为黑马胜出打破了延续15年之久的政治惯例。"[1]对于伊拉克本土政治家而言，他们对2003年后回国的海外流亡人士一直持怀疑态度，始终认为这些人的根本目的就是攫取国家权力和财富资源，并将他们的统治称为盗贼统治。虽然在大选前伊拉克总理阿巴迪被外界视作众望所归的候选者，然而最终却失败收场，主要原因有二。一是阿巴迪在竞选联盟的组建上存在问题。他选择的搭档都是一些具有丰富经验的政治家，但这些人在民众的心目中却是腐败分子和无能的代表，这与萨德尔阵营中的一些新面孔政治家和承诺对现状进行改革情形完全相反。二是阿巴迪在任期内未能在国计民

---

[1] Toby Dodge, Iraq: "A Year of Living Dangerously," *Survival Global Politics and Strategy*, Vol. 60, No. 5, p. 42.

生上有所建树，导致伊拉克经济发展迟缓、通货膨胀、贪腐严重等一系列问题频出，使得民众对其执政失望而不再支持他。可见，民众对现状不满情绪加剧，转而寄希望于民粹主义和政坛新面孔。①

此外，大多数人对本次大选结果存在质疑，认为选举过程中存在严重的舞弊行为，要求重新进行计票。伊拉克最高独立选举委员会宣布取消部分被民众质疑省份的大选结果，这也充分暴露了伊拉克民主政治的脆弱性。伊拉克最高独立选举委员会是美国占领时期成立的，委员会的主要成员由一些政党成员担任，因此造成了他们与政治精英存在共生关系，无法独立公正地确保选举顺利进行。当前伊拉克的主要风险是统治精英与普通民众之间的矛盾不断加深，这可能导致街头政治的激化和脆弱的治理体系失去合法性。这一情形与20世纪50年代伊拉克哈希姆王朝统治时期极为相似，哈希姆王朝最终被国内革命力量推翻。

5月全国大选之后，伊拉克议会陷入僵局。三个什叶派伊斯兰政党在议会中获得最多席位：萨德尔领导的"行走者联盟"、代表民兵的哈迪·阿米里（Hadi al-Amiri）领导的"开拓者联盟"（Fatah）和海德尔·阿巴迪领导的"胜利联盟"。经过长时间的谈判，最终重新分化组合出两个超级联盟，分别是由萨德尔和阿巴迪派系组成的"改革联盟"（Islah），由阿米里领导的"建设联盟"（al-Bina）。两大超级联盟都声称他们在议会中有足够的席位来选择下一任总理，导致伊拉克陷入迟迟难以成立新政府的僵局。2018年9月10日，伊拉克重要的什叶派领袖大阿亚图拉西斯塔尼出面

---

① 唐恬波：《伊拉克议会选举：有表无里》，《当代世界》2018年第12期。

打破僵局。他呼吁更换领导层，以回应公众对执政精英阶层的不满，并宣布他不会支持任何曾经掌权的总理候选人。西斯塔尼的支持对伊拉克的什叶派政治家来说至关重要，最终迫使阿巴迪和阿米里退出竞争。

2018 年 10 月 25 日，伊拉克议会选举 58 岁的萨利赫担任总统。随后，他任命 76 岁的经济学家、什叶派政坛老手马赫迪出任新一届政府总理。萨利赫如此迅速任命马赫迪为总理，从而结束了数月以来伊拉克围绕政府组成的政治纷争。自 2003 年伊拉克战争结束以来，伊拉克国内的不同政治派别形成了分享国家权力的惯例，库尔德人出任总统，什叶派出任总理，逊尼派出任议长。新总理马赫迪 1942 年生于巴格达，在 20 世纪 70 年代曾经是伊拉克共产党的重要领导人，后来加入亲伊朗的伊斯兰最高委员会，并在阿巴迪政府中担任过副总统、财长和石油部部长等职务。马赫迪出任总理是伊拉克议会中什叶派几大政治力量，包括宗教人士萨德尔领导的"行走者联盟"、即将离任总理阿巴迪领导的"改革联盟"、阿米里领导的亲伊朗集团和前总理马利基领导的"建设联盟"妥协的结果。因为马赫迪既不会对任何政党领袖构成威胁，也没有对教派分权制度构成威胁，这使他成为一个理想的妥协候选人。

马赫迪虽然和议会中大多数党团都保持着良好关系，但其背后并没有有实力党团的强有力支持，执政必然相对艰难。另外，他想要建立一个有效政府的努力更是困难重重，他必须考虑权衡议会中不同政治派别的加入，更为关键的是要维系什叶派不同党团在政府内部的力量平衡。未来四年，推进经济重建、消除腐败和改进民生将成为马赫迪政府的工作重点。

二　7月抗议运动与国家治理困境

2018 年 7 月 15 日，伊拉克南部爆发大规模骚乱，起因是巴士拉示威者抗议失业高企和基础服务匮乏。巴士拉是有 400 万人口的伊拉克第二大城市，国家的主要石油收入来源于此。巴士拉抗议运动已经成为伊拉克国家治理失败的表现之一。伊总理阿巴迪宣布向巴士拉省紧急提供约 30 亿美元的投资，并承诺满足抗议者提出的诉求，但抗议活动并未就此平息，反而很快失控并扩散到伊拉克中南部多个省份。回顾伊战后十五年的历史，每年夏季发生在伊拉克的抗议活动并不鲜见，导火索主要是政府无法在高温天气为民众提供充足的水电。这类抗议活动一般都会升级为对现存秩序挑战的政治运动。例如，2015 年夏季，肇始于巴士拉的抗议浪潮一直席卷到首都巴格达，最终演变为反宗派主义政治的运动，民众提出建立公民国家的政治诉求。2016 年伊拉克政府所在地绿区遭到抗议者两次围攻，这场运动得到了萨德尔追随者和大阿亚图拉西斯塔尼的支持。[①]

2018 年 7 月出现抗议的主要诱因是政府未能向当地民众提供充足的清洁水、电力供应和就业机会，抗议者最初的攻击目标是针对石油生产基地，随后对什叶派伊斯兰政党的办事处进行了打砸抢烧，最终对达瓦党、伊斯兰最高委员会和巴德尔组织的财产造成了

---

① Faleh A. Jabar, "The Iraqi Protest Movement: From Identity Politics to Issue Politics," *LSE Middle East Centre Paper Series*, 25 June 2018, http://eprints.lse.ac.uk/88294/.

很大损失。① 最初阿巴迪政府对本次抗议运动采取消极拖延策略，寄希望于炎热的夏季结束后抗议人群会自动散去。因为阿巴迪政府清楚地认识到在当前低油价的情形下是无法兑现提升服务水平和提供就业岗位承诺的。然而，本次抗议因大阿亚图拉西斯塔尼的介入而具有了持久的政治影响力，在 7 月 27 日发布的法特瓦中，西斯塔尼明确表示与抗议者站在一起并肩作战，从而为抗议活动赋予了道义合法性。西斯塔尼公开谴责伊拉克政府在打击腐败和改善服务方面不尽如人意，要求尽快废除宗派主义政治，重新组建包容性政府。正是阿亚图拉与什叶派伊斯兰政党的关系疏远才造成达瓦党及其领导人失去了广泛的群众基础。

　　7 月抗议事件表明伊拉克的制度性矛盾问题至今未能解决。2003 年后掌握国家权力的政治精英是伊拉克宗派主义政治制度的受益者。这一制度助长了政府腐败、国家机构低效和脱离人民群众。2003 年后什叶派团体利用宗派主义巩固其南部地区的票仓，并对任何反对派进行妖魔化攻击。其实这种宗派主义政治动员和道德民粹主义也是"伊斯兰国"崛起的因素之一。同时，伊拉克人民对政府的不满情绪与日俱增。2018 年 7 月的抗议肇始于国内最富有的南部地区，并迅速蔓延到北部库尔德人地区，这表明反政府的抗议是全国性的。伊拉克资深政治问题专家伊斯曼·哈法基（Isam al-Khafaji）认为，超越宗派主义的政治联盟是替代现存宗派主义政治的最佳方案，但是伊拉克国内唯一超越宗派主义和

---

① Mustafa Saadoun, "Tribal disputes flare in southern Iraq over water scarcity," February 15, 2018, http://www. al-monitor. com/pulse/originals/2018/02/water – security – iraq – tribal – conflicts. html#ixzz5GyPu93SY.

以意识形态为指导思想的政党——伊拉克共产党，却在 2018 年 5 月选举中加入了萨德尔领导的"行走者联盟"，这在一定程度上削弱了伊拉克共产党跨宗派的凝聚力，更重要的是弱化了该党广泛的社会动员能力和组织能力。[①] 宗派主义政治盛行，使在伊拉克全国范围内形成统一的政治运动的可能性变得很小，但是，信奉道德民粹主义的地方反叛组织却具备发起新一轮政治暴力活动的能力。虽然伊拉克政府具有应对此类地方暴力活动的能力和经验，但是诉诸武力是无法从根本上铲除导致伊拉克长期冲突的根源的。

三　青年问题与社会治理困境

人口的迅速增长与满足人民不断增长的物质需求，是当前伊拉克面临的主要矛盾之一。虽然自 1987 年以来伊拉克并未进行过正式的人口普查，但是多数人口专家估计，其人口总数已达 3800 万 ~ 4000 万。按照当前年增长率为 2.75% 计算，每年会新增 80 万 ~ 100 万人口，到 2030 年伊拉克总人口将增加到 5300 万，这一生育率位居世界前列。[②] 伊拉克人口结构已发生巨大的变化，总人口中 40% 的人出生在 2003 年美国入侵伊拉克之后，也就是说他们都是 16 岁以下的青少年。20% 的人口是 14 ~ 24 岁的年轻人，

---

① Toby Dodge, Iraq: "A Year of Living Dangerously," *Survival Global Politics and Strategy*, Vol. 60, No. 5, p. 45.

② Pavlo Ignatiev, Iraq: "Years of Post-Saddam Internal and External Developments," *Brazilian Journal of Strategy & International Relations*, Vol. 6. No. 12, Dec. 2017, p. 37.

33.7%的人口是24~54岁的中年人。[1] 人口快速增长当然会产生一系列突出的社会问题。

第一，青年失业问题。伊拉克学者阿德南·亚辛（Adnan Yassin）认为，伊拉克人口结构处于窗口期，如果能够有效利用这一人口红利，将会成为国家重建和社会发展的重要推动力。但是伊拉克政府未能制定有效的经济和社会发展战略，以促进经济发展创新和多样化，为青年创造更多的就业岗位。当前青年的失业率高达30%，预计未来几年这一数字还会继续增加，而青年作为潜在的政治动员力量更容易参与政治暴力活动。[2]

第二，伊拉克青年的政治认同问题。研究表明重大的历史事件对不同时代的人产生不同的历史记忆，尤其是青少年或未成年时期的遭遇，对每个人的政治立场会产生定型塑造作用。这可以用来理解伊拉克长期的战争和受到的国际制裁对不同时代伊拉克人的影响。例如，对于50多岁的伊拉克人而言，1980~1988年的两伊战争是他们形成性的经历，而对于45岁以下的伊拉克人来说这一重大历史事件在他们的记忆中并不深刻。对于30~40岁的伊拉克人而言，海湾战争、1991~2003年的国际制裁、伊拉克战争对他们的政治立场具有塑造作用。对于在萨达姆时期遭受迫害而流亡海外的人而言，他们在记忆中更注重1991年起义和2003年复兴党垮台。对于30岁以下的伊拉克人而言，他们的共同经历是后萨达

---

[1]　Renad Mansour and Christine van den Toorn, "The 2018 Iraqi Federal Elections: A Population in Transition?", *Institute of Regional and International Studies and LSE Middle East Centre Report*, July 2018, p. 12, http://eprints.lse.ac.uk/89698/.

[2]　Sinan Salaheddin, "Soaring Unemployment Fuels Protests in Southern Iraq," *Associated Press*, July 26, 2018.

姆时期的国内动荡和冲突。因此，伊拉克青年一代的政治认同与其父辈或祖父辈有明显的差异。法勒赫·贾巴尔（Faleh Jabar）指出，这代人受世俗主义意识形态和 20 世纪的泛阿拉伯民族主义影响较弱，他们在宗派主义政治中更容易受到伊斯兰主义思潮的影响，[①] 这点可以解释为什么许多年轻人会非常狂热地选择加入"伊斯兰国"恐怖组织。此外，这代人的成长过程正好是在解除制裁后互联网通信跨越式发展的阶段，他们更多受到的是卫星电视和互联网等现代传媒的影响。埃里克·戴维斯（Eric Davis）对伊拉克青年的政治认同进行了实地调研，发现他们倾向于反对宗派主义政治认同和反对宗教政治化的政治立场，更向往能够像西方国家的青年一样生活在自由和机会均等的社会。在 2018 年 7 月抗议运动中，青年扮演了极为重要的角色，这次活动中 30 岁以下的青年占到 60%。可见，青年问题是伊拉克政府必须重点解决的社会问题。

四　宗派分权模式与制度困境

2003 年伊拉克战争之前，什叶派将萨达姆的统治等同于逊尼派的统治，认为自身是受害者；而战后逊尼派认为伊拉克成为什叶派主导的国家，自身遭到了不公正对待。战后伊拉克国内民族冲突、宗教矛盾和宗派对立相互叠加，尤其是 2014 年"伊斯兰国"

---

① Jack A. Goldstone, "Revolution and Rebellion in the Early Modern World," Berkeley: University of California Press, 1991, p. 23.

组织的横空出世，导致整个国家陷入动荡分裂和内战的边缘，伊拉克政府始终未能采取有效的措施解决各族群宗派之间的矛盾分歧。例如，许多逊尼派对"伊斯兰国"等极端组织的暴行持容忍态度，并积极响应极端组织的号召，因为他们认为这是抗衡什叶派政府歧视性政策的有效办法。而什叶派却以逊尼派为极端组织提供安全掩护为由，赞同政府军在逊尼派地区滥用武力的行为。这种恶性循环加剧了伊拉克各族群宗派之间的分裂，使国内宗派主义迅猛发展。时至今日，伊拉克政府仍然延续着制造分裂的政策，未能探索出在各族群宗派之间达成和解的有效策略。主要问题表现如下。

第一，推行边缘化逊尼派的排斥政策。对于经历内战的国家而言，对前政权及其武装人员的大赦通常是迈向和解的重要一步，但2003年后伊拉克的新政权内部并未就此达成一致，最后实施"去复兴党"和解散其军队的政策。此外，伊拉克政府军借"反恐"之名，对逊尼派采取了血腥镇压、随意逮捕和虐待羞辱的措施。[1] 同时，被判犯有恐怖主义罪行的死刑人数增加，而这些罪犯大多数是逊尼派。[2] 按照一名什叶派前议员的说法，处决逊尼派已成为一些政党赢得什叶派选票的一种选举策略。[3] 因此，伊拉克政府必须将反恐行动与政治清算区别开来，消除逊尼派的被剥夺感对于实现政权的合法性和国家稳定是至关重要的。

第二，国家机构强化身份认同和宗派主义。以伊拉克军队机构

---

[1] Harith Hasan Al-Qarawee, "Iraq's Sectarian Crisis: A Legacy of Exclusion," *Carnegie Middle East Centre*, April 2014, http://carnegieendowment.org/files/iraq_sectarian_crisis.pdf.

[2] Fanar Haddad, *Sectarianism in Iraq: Antagonistic Visions of Unity*, London: Oxford University Press, p. 152.

[3] Fanar Haddad, *Sectarianism in Iraq: Antagonistic Visions of Unity*, p. 154.

为例，战后马利基政府强烈反对吸收逊尼派武装人员到国家军队中，导致什叶派在军队中占绝对多数的地位变得越来越明显。许多逊尼派认为，国家军队已成为什叶派军队，因此要求将逊尼派占多数地区的安全防卫移交给当地警察部门，但伊拉克政府以极端主义成员已渗透该地区警察系统为由予以拒绝。[①] 因此，伊拉克政府应防止在国家权力机构中让某一宗派占据主导地位，应通过公平公正和宽容和解的政策推进战后重建工作。

第三，叙利亚内战的溢出效应加剧了伊拉克各宗派间的紧张关系。阿拉伯地区的宗派纽带联系具有跨国性的特点，叙利亚内战成为跨国族群宗派间的角斗场。就伊拉克逊尼派和什叶派而言，逊尼派加入"伊斯兰国"组织推翻巴沙尔政权的活动中，而什叶派则与亲巴沙尔政权的武装力量亲近，这些武装力量包括叙利亚、黎巴嫩和伊朗的武装人员。因此，跨国界的宗派联合严重威胁到国家认同，这使伊拉克政府建构伊拉克人的国家认同变得更为艰难。

第四，联邦制解决伊拉克国家认同困境的局限性。当今世界的国家结构形式一般分为单一制和联邦制。一个国家结构形式的选择是基于对该国历史、文化、地理条件等各种因素考虑的结果。但毋庸置疑，民族因素在其中发挥着重要作用。[②] 战后伊拉克确立了联邦制的政治体制，但伊拉克宪法并未就联邦制的具体内涵和权力外延进行明确规定。参照伊拉克宪法的规定，联邦政府将按照权

---

① Harith Hasan Al-Qarawee，"Iraq's Sectarian Crisis: A Legacy of Exclusion," *Carnegie Middle East Centre*，April 2014，http://carnegieendowment.org/files/iraq_sectarian_crisis.pdf.

② 张文灿：《民族问题与国家结构形式分析》，《首都师范大学学报》（社会科学版）2006年第2期。

力分散的原则，按照地理、人口、教派及民族分布来分配权力，保障各族群获得基本的权利，避免出现某一族群独掌大权的局面。① 虽然实施联邦制是解决伊拉克国家认同困境的制度选择，但是这一制度从根本上解决伊拉克国家认同的作用还是有限的，主要原因如下。

一是伊拉克自古以来一直实行中央集权模式，该制度具有深厚的政治文化根基。由于联邦制与以往的政治制度大相径庭，实现联邦制缺乏政治基础。伊拉克国内尖锐的民族矛盾、根深蒂固的部落社会和错综复杂的教派冲突，造成民众对民族、部落和教派的归属情感超越对统一的伊拉克国家的认同。例如，库尔德地区政府享有高度的自治权，实际权力超越了现存大多数联邦制的范畴。库尔德地区的高度自治极大地鼓舞了逊尼派，他们也积极寻求实现逊尼派地区的自治权。因此，不顾伊拉克基本国情直接从西方嫁接的民主政治容易演变成各族群权力争夺的政治舞台，导致国内的混乱和失序，不利于伊拉克民族和解与国家建构。

二是伊拉克实施联邦制缺乏强有力的社会支持。伊拉克社会具有非常典型的碎片化特征，新政权需要依赖逊尼派、什叶派和库尔德人的支持。作为社会主体的三大族群之间长期以来一直缺乏合作，相互缺乏信任，政治利益相抵。在实施联邦制的过程中，伊拉克各派意见经常分歧严重，例如，战后北部的基尔库克市议会主要由库尔德人、逊尼派阿拉伯人、逊尼派土库曼人和基督徒亚述人组成。但是结果很快表明，在权力分配上兼顾平衡各

---

① 刘月琴：《列国志·伊拉克》，社会科学文献出版社，2007，第188页。

族群利益的议会很难正常履行职责。基尔库克市市长要求在该市安置库尔德人，这引起了阿拉伯裔副市长的强烈反对，并要求重新进行地方议会选举；同样，土库曼人以抵制议会会议相威胁，要求市长将全市各个地方的库尔德旗帜撤下；基督徒又抱怨自身的代表人数不足；等等。[①]

三是联邦制导致强化族群认同、争取更多政治权力甚至分离（分裂）行为产生的风险增大。从权力分配上看，表面上联邦制能够有效地平衡兼顾各族群的利益，实际上这一制度却强化了族群宗派利益。例如，2003年后的伊拉克各政党成为宣传种族宗派主义的工具，种族宗派认同成为各政党的意识形态和政治旗帜，使种族宗派利益直接转化为政治利益，并以种族宗派利益为出发点来制定国家政策。这种种族宗派的制度化对伊拉克的未来造成严重隐患，因为这会让族群特殊身份认同固化和合法化，势必加大社会各族群之间的分歧，进一步造成伊拉克族群的分裂，挑战伊拉克民族国家认同和建构。这点正好应验了学界的研究结果："对于一个存在国家认同危机或族群间对立和冲突的国家，通过民主化，通过赋予少数族群更多的政治权利来缓解族群冲突和增强少数族群国家认同感的政策取向，可能不会产生预期的效果。特别是当少数族群以所处的地理位置为基础，或者政党以族群为基础时，甚至可能导致少数族群更强的族群认同感和争取更多政治权利甚至分离（分裂）行为的产生。"[②]

---

① Adeed Dawisha, "Iraq: A Political History," Princeton: Princeton University Press, 2009, p. 284.

② 马得勇：《国家认同、爱国主义与民族主义——国外近期实证研究综述》，《世界民族》2012年第3期。

结　语

伊拉克当前面临着一系列危及国家和平稳定的经济和社会问题，如居高不下的失业率、社会不平等凸显、管理不善和机构弱化、贪腐严重、人口激增等，它们与不断肆虐的极端主义形成恶性循环，严重影响国家的稳定和发展。因此，伊拉克政府必须采取有效措施应对之。

首先，制定适合伊拉克国情的经济发展战略。当前伊拉克的经济发展是食租型经济发展模式，并由此产生了一系列的发展问题，主要包括出口导向型经济限制了国内生产力的提高，形成了臃肿而低效的公共机构，导致社会严重依赖国家补贴，并催生了为获取石油收入而非真正担负社会责任的政治精英阶层。同样，采取西方的经济自由化政策并不能解决收入不平等和实现善治，只会加深危机和强化精英的权威倾向，并使国家进一步碎片化。新的经济发展战略应该使国家在社会经济发展中扮演领导角色，并采取循序渐进和有原则的经济发展政策。

其次，推动政治体制改革和加强国家治理能力现代化。这些改革措施包括恢复精英管理制度、减少公共部门补贴、精简国家机构、让公民社会组织承担部分管理职能、加强与私营部门的管理合作等。最终目标是提升各机构和部门的绩效和治理能力，正所谓效率不是由机构的规模决定的，而是由其提供的服务能力决定的。伊拉克的腐败问题也是伊政府面临的非常棘手的难题，打击腐败不能仅仅局限于个别案例，而首先要消灭裙带关系和任人唯亲的现象，减小个人对国家机构的影响和对法治的破坏。

最后，伊拉克需要实施有效的社会改革政策。为了满足人民对社会和经济快速发展的需求，政府必须采取有效措施努力开发人力资源，加强对青年人口的培训，发展依赖于创新和新技能的新型经济。同时，伊拉克政府应加大对可再生能源的投资，以此创造更多的就业机会，减少对化石燃料的依赖，使经济更趋多元化。伊拉克需要加强对灌溉和造林的投资以提高农业生产水平，通过加强粮食安全和创造就业机会来减少贫困，提高应对气候变化的能力。此外，伊拉克还需要进一步扩大对外合作交流，加强与邻国的外交协调，和平共处，解决困扰整个地区的水资源利用问题。国际社会可以为这一问题提供建设性的解决方案，并避免未来出现对水资源的争夺。

总而言之，虽然伊拉克战争结束已有十五年之久，但国家重建远未结束，什叶派、逊尼派和库尔德人以及其他少数族群之间的暴力冲突一直威胁着国家的稳定和发展。伊拉克政府至今未能制定出包容性政治制度，更遑论实现各族群宗派间的信任和解，尤其是受"阿拉伯之春"、叙利亚内战和"伊斯兰国"等地缘政治局势的冲击，国内宗派主义和分离主义更趋严重。现任政府总理马赫迪面临着艰巨任务，比如消灭"伊斯兰国"极端组织残余势力，收复被恐怖组织控制的领土；化解教派矛盾，推动政治与民族和解以及根除腐败等政治改革；处理库尔德人的利益诉求，解决石油收入分配问题；大刀阔斧进行经济体制改革，改善民生需求等。

第六章
红海局势及其前景

红海位于非洲东北部与阿拉伯半岛之间，其西北面通过苏伊士运河与地中海相连，南面通过曼德海峡与亚丁湾（印度洋）相连，是世界上最重要的海上贸易通道之一，每年有价值近 7000 亿美元的商品通过该地区。过去，埃及以南的红海西岸国家（苏丹及非洲之角四国）和埃及以东的西亚国家（土耳其与海湾阿拉伯国家）一直被认为是两个不同的地区，但现在这个区别在缩小，红海周边越来越像一个拥有共同政治、安全和军事利益的地区。特别是随着2015 年沙特等国军事介入也门内战和 2017 年卡塔尔断交危机爆发以来，该地区的军事和战略的重要性进一步凸显，以土耳其、卡塔尔为一方同以阿联酋、沙特为另一方的两大阵营纷纷加紧对红海西岸非洲国家的拉拢和布局，一系列新的经济和军事投资正在重塑红海两岸的地缘政治生态。

争夺和布局

土耳其在该地区的布局与其非洲战略相关，核心目标是要恢复其历史上曾经对该地区拥有的影响力。正如土耳其前驻乍得共和国大使、土耳其总理非洲事务顾问艾哈迈特·卡瓦斯所说，土耳其在非洲的存在比任何其他国家更有意义，"如果你想到任何一个应该出现在非洲的国家，那只能是土耳其，正是因为 20 世纪土耳其的缺席才给了欧洲人进入非洲的机会"。"土耳其与非洲大陆有着古老而密切的关系，这可以追溯到一千多年前，我们的存在从北非延伸到现在的肯尼亚。我们不是那里的局外人。"① 2018 年 3 月，土耳其总统埃尔多安在结束对包括阿尔及利亚在内的非洲 4 国访问后在其推特中直言不讳地写道："我们要和非洲一起共同迎接世界新秩序的建立。"②

土耳其重新关注非洲始于 2005 年，从 2008 年开始土耳其在非洲大陆的外交代表数量迅速增加到 39 个，非洲驻土耳其外交使团的数量也从 8 个增加到 33 个。最初，土耳其在该地区是通过软实力方式扩大影响，包括人道主义救援以及援建清真寺、学校和医院等，主要借助其执政党——正义与发展党（正发党）的伊斯兰盟友居伦运动实施，但在 2013 年正发党与居伦运动闹翻后，政府更多鼓励官方批准的教育机构前往非洲，并划定索马里等 18 国为重点。经济利益同样是重要推动力，主要是建筑、采矿和投资。土耳其航空对其在非洲扩展利益发挥了很大作用，现在土航可飞往非洲大陆的 51 个目的地，超过世界上其他任何一家航空公司，现在飞

① Suraj Sharma, "Turkey scrambles for Africa: Ankara eyes new empire in old backyard," *Middle East Eye*, August 7, 2017. https://www.middleeasteye.net/news/turkey-scrambles-africa-ankara-eyes-new-empire-old-backyard.

② "Turkey wants to 'walk with Africa', says Erdogan after four-country tirp," *Hurriyet*, March 4, 2018. http://www.hurriyetdailynews.com/turkey-wants-to-walk-with-africa-says-erdogan-after-four-country-trip – 128204.

往索马里的航线已成为其最盈利的线路之一。近几年，土耳其对该地区的军事功能越发重视，特别是 2017 年 6 月沙特、阿联酋与卡塔尔断交后，土耳其作为卡塔尔盟友，重点加大了在苏丹和非洲之角地区的军事布局力度，其政策重点从争夺市场和获取经济利益逐渐演变为战略介入。

索马里是土耳其通往非洲的主要门户。2009 年，土耳其开始参与索马里的国际反海盗行动。2011 年索马里爆发饥荒，时任土耳其总理的埃尔多安成为 20 多年来除非洲国家以外唯一访问这里的外国领导人，之后他又连续两次访问该国，推动国际社会更多关注索马里的饥荒问题，为此索马里获得了数亿美元的援助。一时间，"土耳其模式"在索马里成为热词，以至于与土耳其政府关系密切的"政治、经济和社会研究基金会"（SETA）专家穆罕默德·奥兹坎还在 2014 年专门写了一篇报告，称为了维持土耳其在索马里"长久的、可持续的影响"，土耳其应尽量避免在当地留下"超级国家"和"主导国家"的形象。[①] 此后，土耳其继续增加对索马里的投入。2014 年 9 月，土耳其第二大企业 Al-Bayrak 集团开始运营索马里摩加迪沙港。2017 年 10 月，土耳其投资 5000 万美元，在索马里开设了最大的海外军事基地，也是索马里唯一的现代化军事训练基地，可同时培训 1500 名士兵。土耳其《晨报》（*Daily Sabah*）称赞该基地将通过帮助索马里训练军队而让其"恢复安全"。根据基地指挥官穆罕默德·亚辛·卡林上校的说法，土

---

① Mustafa Salama, "Turkey's rivalry with the UAE in Somalia is raising tensions in the Red Sea," *Middle East Eye*, April 12, 2018. https：//www. middleeasteye. net/columns/how-turkey-uae-rivalry-raising-tensions-red-sea－921144879.

耳其的角色将以"人道主义"工作为主，并为土耳其海军和空军提供支持。[①] 据悉，土将为索培训1万名士兵。此外，土耳其还在索马里修建了"最大的使馆"。当然，索马里也视土为最重要盟友。[②]

土耳其在苏丹同样取得了成功。2017年12月，埃尔多安访问苏丹，这是自奥斯曼帝国1885年撤出苏丹以来土耳其元首的首次访问。埃尔多安在苏丹议会发表讲话，盛赞苏丹对2016年7月土耳其未遂政变的立场，在安卡拉的要求下，苏丹关闭了居伦运动开办的学校，并逮捕了相关人员。双方签署了总价值为数十亿美元的13项协议，宣布在军事、能源、卫生和农业领域进行全面合作，其中包括将奥斯曼帝国时代的萨瓦金港（Suakin）租给土耳其99年。萨瓦金岛只有20平方公里，16世纪后曾被奥斯曼土耳其帝国控制，土耳其人在岛上修建了贸易仓库和港口，过去主要用来保护汉志地区（现沙特西海岸）免遭攻击。几个世纪以来，该岛一直是非洲、欧洲和海湾国家之间开展商业活动的十字路口，也是前往麦加朝觐的门户。但19世纪后埃及和英国统治时期，这里逐渐荒废，地位被其北部50公里的苏丹港取代。目前岛上仅有5万居民，经济发展落后，这里的人们抱怨苏丹中央政府几十年来一直故意忽视当地建设，岛上唯一一所公立医院还是建于1956年苏丹独立前。土耳其合作与协调援助机构（TIKA）网站称，土将翻修该岛的两座奥斯曼时代的清真寺以及一座古老的海关大楼，并投资当地的旅

---

① Seth J. Frantzman, "Is Middle Eastern Rivalry Good for Africa?", *The National Interest*, November 28, 2018. https：//nationalinterest. org/feature/middle-eastern-rivalry-good-africa – 37362.

② David Shinn, "In Red Sea Region, Competing Outside Powers Complicate U. S. Interests," *United States Institute of Peace*, December 19, 2018. https：//www. usip. org/publications/2018/12/red-sea-region-competing-outside-powers-complicate-us-interests.

游业。根据协议，土方还将为苏丹军方和警方提供反恐培训，并将在苏丹港建立一个船只维修中心。尽管土耳其驻喀土穆大使伊尔凡称，该地区将被打造为一个文化和旅游中心，总统埃尔多安也在记者招待会上强调该岛将成为土耳其穆斯林前往麦加朝圣的登船点，但是，苏丹外长易卜拉欣·甘杜尔签署协议后对记者说，土耳其将"建造一个维持民用和军用船只的码头"，并表示这项协议可能"导致一定形式的军事合作"。另据埃及《金字塔报》主编阿斯玛·胡塞尼2018年1月初披露，土耳其准备在该岛建立一个秘密军事基地，此举将威胁红海航道。① 实际上，此前土、苏两国就进行过密切的军事合作，如2015年6月双方海军在苏丹港联合训练了700名军事人员，土国家警察部队每年在两国安全合作的框架内帮助苏丹警察开办各种培训班，截至目前，已培训了3800多名苏丹警察。2018年11月初土国防部部长阿卡尔访问了苏丹，据土安那多卢通讯社报道，双方讨论的议题之一是土在苏丹开设军事训练中心。同月，土耳其副总统福阿特·奥克塔伊访问苏丹，双方签署了一系列双边协议，以促进农业、能源、运输和航空领域的合作。土还计划对苏丹78万公顷土地进行大规模投资，并希望5年内将双边贸易额从5亿美元提高到100亿美元。为此，双方决定成立由两国总统挂帅的高级政治委员会，每年在安卡拉和喀土穆轮流举行会议。

卡塔尔在该地区并无明确规划，更多是追随其重要盟友土耳其的脚步。例如在2017年底土耳其与苏丹达成协议3个月后，卡塔

---

① Mohammed Amin, "Gulf tension: Are Egypt and Sudan about to go to war?" *Middle East Eye*, January 13, 2018. https://www.middleeasteye.net/news/gulf-tension-are-egypt-and-sudan-about-go-war-turkey-qatar-dam-ethiopia-muslim-brotherhood – 903070654.

尔即宣布向苏丹投资 40 亿美元，用于发展和运营萨瓦金岛，并计划与土耳其、苏丹一起，将苏丹港发展成为服务苏丹及邻国的最大集装箱港口。[①] 卡、苏、土三方还在苏丹首都喀土穆共同成立了一家军服厂，计划按照全球一流标准向中东和非洲提供高质量的军事、物流和民用产品。三国防长 2017 年初一起出席了该厂的开工仪式，数月后卡塔尔埃米尔接待了苏丹防长的访问。在索马里同样如此，卡塔尔承诺向索马里政府提供 3.85 亿美元的援助，并在 2018 年 3 月初的伦敦援助会议上重申将向其提供支持；2017 年 2 月上台的索马里总统法尔马约则连续 3 年访卡，双方达成了一系列的双边贸易协定。

阿联酋在红海西岸地区的布局反映了阿联酋更广泛的以军事为主导的外交政策，寻求通过硬实力的投射扩大区域影响力，成为非洲东海岸的重要玩家甚至主导力量。其重要手段是经济投资，特别是发展商业港口，同时获得军事基地。整体上，阿联酋在非洲之角非常活跃。早在 2000 年，"迪拜世界"（DP World）集团就赢得了吉布提的多哈雷（Doraleh）集装箱码头合同，2006 年获得特许经营权，2009 年开始运营。该码头被视为阿联酋海外最大的软实力资产之一，但后来双方出现商业纠纷，2014 年吉布提政府指责"迪拜世界"竞标时行贿。2015 年 3 月 26 日，沙特、阿联酋军事介入也门内战，支持哈迪政府打击也门北部的胡塞武装。4 月底，由于参与空袭的阿联酋战机未经允许就降落在吉布提安波利国际机场，吉布提空军司令与阿联酋外交官发生冲突。

---

① Khalid Abdelaziz, "Sudan, Qatar to sign ＄4 billion deal to manage Red Sea port -ministry," *Reuters*, March 27, 2018, https：//www. reuters. com/article/us-sudan-qatar/sudan-qatar-to-sign-4-billion-deal-to-manage-red-sea-port-ministry-idUSKBN1H22WH.

矛盾由此集中爆发，吉布提驱逐了沙特和阿联酋的军队，数天后宣布与阿联酋断交。2018年2月，吉布提政府单方面中止了"迪拜世界"对多哈雷码头的30年特许经营权，此后，尽管伦敦国际仲裁法庭当年8月做出支持"迪拜世界"的裁定，吉布提政府仍未妥协，9月发出总统令，宣布将占多数股份的合资方"吉布提港口公司"的股份收归国有，以借此剥夺"迪拜世界"对该码头的经营权。

与吉布提关系转恶后，阿联酋不得不转向其周边国家，首先是厄立特里亚。2015年4月29日，就在阿联酋与吉布提断交的同一天，阿联酋同吉布提在本地区的对手厄立特里亚达成一项安全和军事伙伴关系协定，租用其阿萨布（Assab）深水港和相距10公里远的阿萨布机场，为期30年，用于军事目的，沙特—阿联酋联盟的其他成员国也可以使用。很快，这里成为也门亲哈迪武装的生命线和物资转运中心，阿联酋的船只不断往来于富查伊拉（七个酋长国之一）的军港和阿萨布；联军的巡洋舰还通过阿萨布港封锁也门的穆哈港和荷台达港。在阿联酋和沙特等国看来，伊朗是胡塞武装的背后支持者，扼守阿萨布港，就可有效防止伊朗向胡塞武装提供武器和资源。而且，除了与伊朗海上力量扩张竞争外，由于阿联酋沿海地区都在伊朗导弹的射程之内，阿萨布基地还能加深未来与伊朗爆发冲突时的战略深度，成为阿联酋驻扎军舰、飞机甚至潜艇的军事据点。①

---

① Alex Mello and Michael Knights, "How Eritrea became a Major UAE Millitary Base," *Tesfa News*, September 2, 2016. https：//www.tesfanews.net/west-of-suez-for-the-united-arab-emirates/.

　　至于阿萨布机场，其本已拥有 3500 米长的跑道，可以降落如 C－17（环球霸王）这样的大型运输机，但阿联酋承租后立即对其进行了扩建，在这里修建了巨大的集装箱式房屋、帐篷营地和新的飞机库及飞行控制中心，其建设速度和规模惊人，至当年 7 月底，该机场就从一个简陋的作业场所转变为一个功能齐全的军事基地，成为阿联酋在本土之外第一个强力的兵力投射点和对也门发动进攻的重要根据地。该基地距也门 40 公里，联军的武装直升机、战斗机都是从这里起飞，前往也门西南部执行轰炸任务，苏丹、厄立特里亚和也门哈迪政府的武装人员也在这里集结和受训，仅一年多的时间，阿联酋就在该基地培训了 4000 多名也门士兵。[1] 作为回报，海湾国家同意向厄提供经济援助，帮助其阿斯玛拉国际机场实现现代化、支持其基础设施建设和增加能源供应等。

　　除厄立特里亚外，1991 年宣布从索马里独立但并未获得国际认可的索马里兰成为阿联酋的另一目标。2016 年 5 月，"迪拜世界"赢得索马里兰柏贝拉港（Berbera）30 年的使用权，以 51%、30% 和 19% 的股份占比，与索马里兰、埃塞俄比亚共同持有，寻求将其打造为地区运输枢纽，从而打破吉布提的垄断地位。三方一拍即合：埃塞俄比亚作为内陆国，此前其货物只能通过多哈雷集装箱码头出海，今后则可通过柏贝拉走廊运输；索马里兰则获得了 10 亿美元的投资，用于包括水坝、高速公路和其他基建项目等，此外，2017 年底索马里兰新当选的领导人缪斯·比希·阿卜迪明

---

① Michelle Nichols, "Foreign help building Eritrea bases violates embargo: U. N. experts," *Reuters*, November 5, 2016. https：//www. reuters. com/article/us-eritrea-yemen-un/foreign-help-building-eritrea-bases-violates-embargo-u-n-experts-idUSKBN12Z2IR？il＝0.

确表示，"希望同海湾国家结盟来改变受孤立的状态"；① 对阿联酋来说，除了可以控股港口的运营管理外，更重要的是，索马里兰议会于 2017 年 2 月在争议中通过决议，允许阿联酋在柏贝拉新建军事基地。

阿联酋还与索马里东北部的邦特兰自治政府进行了合作。2010年，阿联酋支持其成立海警部队，不但向其提供资金和训练，还捐赠了数架战斗机和直升机。该部队负责守卫邦特兰在亚丁湾的主要港口博萨索港和印度洋的埃尔港。在海湾联军寻求切断伊朗向也门胡塞武装运送武器的通道时，阿联酋博萨索港和柏贝拉港口的布局发挥了作用。

作为盟国，沙特与阿联酋在该地区更多是合作和互补的关系。2015 年 4 月阿联酋被吉布提驱逐后，沙特通过提供船只、直升机、武器和救护车等，于当年 10 月恢复了同吉布提的关系，获准重新使用其勒莫尼耶机场。2017 年 11 月，双方达成协定，沙特宣布在吉布提建立军事基地。除允许沙特使用其领空外，吉布提还同意收容也门难民，由沙特国王萨勒曼的人道主义援助和救济中心（KSRelif）提供支持。

为了强化在该地区的存在，沙特还积极调解埃塞俄比亚和厄立特里亚的冲突，推动两国于 2018 年 9 月在沙特吉达签署和平协议，正式结束长达 20 多年的战争状态，联合国秘书长古特雷斯称其为"历史性事件"，并对沙特国王萨勒曼的付出和努力"深表感谢"。两个月后，联合国随即取消了对厄立特里亚的武器禁运。这一点非

---

① Hargeisa, "Somaliland defends UAE military deal," *Khaleej Times* (Somaliland), April 5, 2018.

常重要，因为2016年曾有观察员向安理会报告说，阿联酋和沙特
在厄立特里亚的"军事存在"违反了禁运决议。

尽管沙特和阿联酋在重大安全问题上保持一致，但双方的战略
目标也存在一定的差异。例如，在也门问题上，沙特是要击败或解
决与其边境接壤的也门北部的胡塞武装，限制伊朗势力进入其
"后院"，阿联酋则更注重扩展和巩固在也门南部，特别是曼德海
峡附近的势力范围。

影响和前景

随着土耳其、阿联酋等国在红海西岸地区以前所未有的速度、
规模和方式宣示存在，两大阵营紧锣密鼓、你追我赶的经济和军事
投资正在让红海两岸迅速融合成为一个地区。这对非洲国家来说，
既是机遇，更多的则是挑战。它让中东地区的地缘政治斗争扩展至
红海，造成了非洲之角的军事化和极化。[①] 甚至有学者称，该地区
已成为世界上"最动荡和最致命的地区之一"[②]。

红海西岸的非洲国家正在发生历史性的变化。埃塞俄比亚经历
着连年两位数的经济增长，并在进行自20世纪90年代以来最彻底
的政治转型，年仅42岁的新总理阿比·艾哈迈德大刀阔斧地进行

---

① Daniel Benaim and Michael Wahid Hanna, "Water Wars on the Nile: How Water Scarcity and Middle Eastern Influence Are Reshaping Northeast Africa," *Foreign Affairs*, August 9, 2018. https://www.foreignaffairs.com/articles/africa/2018-08-09/water-wars-nile.

② Payton Knopf, "Why the U.S. Needs a Special Envoy for the Red Sea," *United States Institute of Peace*, October 23, 2018. https://www.usip.org/publications/2018/10/why-us-needs-special-envoy-red-sea.

改革，包括停止紧急状态，释放数千名政治犯，解除对媒体和言论自由的限制，等等，还计划对国家重点工业实行私有化和提升妇女地位，获得国内外的广泛关注。因人权记录长期受到排斥的厄立特里亚，已被解除了长达数十年的联合国制裁，埃、厄两国出人意料地结束了敌对状态，"有可能让厄立特里亚取代吉布提，成为另一个受到外国军队欢迎的伙伴"①。在新的区域合作框架推动下，索马里联邦政府可能会在经历了数十年的不安全之后最终走出困境。另外，南苏丹的独立让苏丹政府失去了75%的石油收入，经济承受极大压力。在这种情况下，外部资金的涌入毫无疑问会有助于处在剧变过程中的地区国家实现经济增长和社会稳定，如阿联酋对埃塞俄比亚的资金注入，就临时缓解了这个国家的债务危机，提升了新总理阿比·艾哈迈德的威望；土耳其和卡塔尔对苏丹的投资承诺如同雪中送炭，若能实现，将明显改善苏丹当前面临的经济困局和政治压力。一些地区外交官因此甚至呼吁召开红海论坛，成立一个致力于确保该地区水道安全、规范移民、实现粮食安全、打击极端主义以及管控危机的集体机制。②

　　但这种理想情况很难实现。理论上讲，所有这些对该地区的竞争愿景都可以提高红海西岸国家吸引支持和资本的能力，然而在实践中，由于地区国家的局势动荡和弱势地位，所有这些举措又都或

---

① Kelsey Lilley, "Why Djibouti Is the Loser of the Horn of Africa's New Peace," *Atlantic Council*, July 12, 2018. https://www. atlanticcouncil. org/blogs/africasource/why-djibouti-is-the-loser-of-the-horn-of-africa-s-new-peace.

② Zach Vertin, "Red Sea Rivalries: The Gulf States Are Playing a Dangerous Game in the Horn of Africa," *Foreign Affairs*, January 15, 2019. https://www. foreignaffairs. com/articles/east-africa/2019 – 01 – 15/red-sea-rivalries.

多或少地在破坏区域秩序。

首先，随着土耳其、卡塔尔和阿联酋、沙特阿拉伯等国寻求扩大其在红海西岸的影响力，它们也将中东的敌对关系输出到了这个本来就充满动荡的地区，让其成为中东国家对抗的战场，地区国家不得不在两个阵营之间做出选择。

也门危机加剧了红海地区的军事化进程，让这里增加了更多的现代军事设施，而这些设施与包括欧盟、非盟在内的国际社会旨在打击海盗和反恐的行动并无太多关联（例如，2011 年欧盟通过的《非洲之角战略框架》和 2015 年通过的《2015～2020 年非洲之角行动计划》都是以海事安全为主，重点是要打击海盗和反恐）。它与美国和西方国家主导的地区安全框架不同，而是让土耳其、沙特、阿联酋和卡塔尔发挥了核心作用，埃、厄和平协议的签署以及柏贝拉、萨瓦金港的建设都证明了这一点。

红海西岸的非洲国家被深深卷入了也门冲突。厄立特里亚、吉布提、索马里及其自治区索马里兰等都对沙特领导的盟军开放了领空或港口，部分国家还直接派兵参战，如厄立特里亚至少派出了一个装甲旅，苏丹派遣了数百名士兵，甚至遥远的塞内加尔也向联盟派出了部队。尽管这些国家的军队并非作战主力，但也门战争的久拖不决却让其难以脱身。

也门战争的另外一个直接影响是让苏丹及非洲之角国家减少了过去同伊朗的联系。与伊朗在地区的有限活动相比，这些国家更倾向于获得海湾国家的投资。沙特使用了和土耳其相似的手段，通过援建住房、学校、清真寺和提供大笔捐款等拉拢地区国家，这在苏丹、吉布提和索马里三国 2016 年步沙特后尘与伊朗断绝外交关系中发挥了作用。

卡塔尔断交危机后，非洲之角国家再次被迫"选边站队"。吉布提和厄立特里亚选择了沙特阵营，降低了在卡塔尔的外交代表级别，卡塔尔随即撤回了部署在吉布提的一支维和部队。索马里政府与土耳其、卡塔尔阵营走得更近，但极力避免卷入中东国家纷争，因此更愿意称土耳其的军事基地为"训练中心"，2018 年 10 月初沙特记者卡舒吉在土耳其遇害后，索马里总理哈桑·阿里仍访问了沙特。埃塞俄比亚则陷入两难，总理阿比·艾哈迈德既希望获得阿联酋承诺的额外 30 亿美元援助，又担心被打上沙特、阿联酋代理人的标签，影响其执政地位和政治改革进程，因而公开表态更加谨慎。苏丹的情况更为复杂，它先是从与伊朗的联盟转移到沙特领导的联盟，之后又转向了土耳其和卡塔尔阵营。苏丹《旭日报》主编艾迈德·侯赛因说："喀土穆显然非常务实和机会主义，它从一个阵营跳到另一个阵营，没有任何战略目标。"[1] "为了解决经济危机，喀土穆正在把整个国家置于区域两极分化的中心。"苏丹东部的某党派领导人穆萨说，"这将导致严重的后果"[2]。

其次，外部力量插手红海西岸地区，对不同势力的分化和拉拢加剧了地区国家原有的内部矛盾。以索马里为例，外部势力的插手正在打破其内部力量平衡，进一步加剧其政治分裂。过去，阿联酋

---

① 〔苏丹〕艾迈德·丁·侯赛因：《埃及与苏丹分歧难解》，〔苏丹〕《旭日报》2018 年 1 月 5 日（阿拉伯文版），https：//www. shorouknews. com/columns/view. aspx? cdate ＝05012018&id ＝ceff20f8－1ad9－4d09－a450－57740ff73b94.

② Mohammed Amin，"Gulf tension：Are Egypt and Sudan about to go to war?，" *Middle East Eye*，January 13，2018. https：//www. middleeasteye. net/news/gulf-tension-are-egypt-and-sudan-about-go-war-turkey-qatar-dam-ethiopia-muslim-brotherhood-903070654.

同索马里曾有长期安全合作，2015 年 5 月，阿联酋在索马里首都修建了一座训练中心，培训了大批索马里军警，还向索马里内政和警察部队提供了一批单兵装甲车和警用摩托车等，阿联酋还从 10 月起向索马里安全部队支付薪水，为期 4 年。但是，阿联酋在索马里兰的行动惹怒了索马里联邦政府。索马里先是禁止"迪拜世界"对其港口的运营，之后于 2018 年 3 月呼吁联合国安理会谴责阿联酋，称其在索马里兰修建军事基地"违反国际法""助长索马里兰的分离倾向""违背索马里宪法和藐视被联合国承认的中央政府""让地区紧张局势恶化""索马里将重回动荡"。① 4 月，索马里从一架阿布扎比抵达的飞机上缴获了 1000 万美元现金，指责阿联酋企图插手其内部事务，然后取消了阿联酋训练索马里士兵的计划。针对阿联酋在索马里兰的活动，肯尼亚总统乌胡鲁·肯雅塔于 2018 年 5 月警告说："索马里正面临困扰，主要是外国代理人削弱了索马里联邦政府的权威，造成了人民的分裂，对已取得的成果构成了威胁。"② 同样，邦特兰自治政府与阿联酋的合作也可能招致索马里联邦政府的不满。考虑到索马里正置身于巨大的动荡中心，加上它缺少一个强有力的中央政府，局势很容易进一步恶化，外来驻军只会加剧索马里国家的分裂。

再次，红海的军事化进程加剧了地区国家间的紧张关系，有可

---

① Mustafa Salama, "Turkey's rivalry with the UAE in Somalia is raising tensions in the Red Sea," *Middle East Eye*, April 12, 2018. https：//www. middleeasteye. net/columns/how-turkey-uae-rivalry-raising-tensions-red-sea – 921144879.

② Aggrey Mutambo, "Uhuru says Kenya cannot be safe if Somalia is unstable," *Daily Nation*, May 6, 2018. https：//www. nation. co. ke/news/africa/Kenya-tells-UAE-to-stop-meddling-in-Somalia-affairs/1066 – 4547348 – gydh7uz/index. html.

能打破地区平衡。伦敦国防联合会服务研究所的蒂莫西·威廉姆斯认为，中东国家的各种措施"已经开始扰乱地区秩序"，卡塔尔投资支持埃塞俄比亚在尼罗河上修建复兴大坝的决定激怒了埃及，阿联酋在厄立特里亚建立的军事资产"使其与埃塞俄比亚和苏丹已经紧张的关系开始恶化"。[①] 2017 年底土耳其决定在萨瓦金岛建军港的消息则激化了苏丹与埃及、沙特和阿联酋之间的矛盾，沙特驻喀土穆大使随即宣布沙特也将在苏丹沿海建设新港并增加双边贸易，埃及亲政府媒体指责说这是土耳其反对埃及国家安全的阴谋，数百名埃及士兵于 2018 年初进驻了阿联酋在厄立特里亚的军事基地。[②] 苏丹关闭了与厄立特里亚的边境，撤回了苏丹驻开罗大使，直到苏丹宣布无意允许土耳其军队驻扎在萨瓦金或其任何领土上后，苏丹与埃及的紧张局势才有所缓解。但是，埃及和苏丹本来就对北部的哈拉伊卜三角洲地区归属存在争议，埃及于 1996 年后就在该地区驻军，2016 年 1 月两国曾在边境地区发生军事对峙，有学者因此担心，在土耳其人参与进来后，苏丹可能受到鼓励而采取冒险行动。[③]

总而言之，中东国家正在极力扩大在红海西岸地区的影响。"美国战略预测公司"（Stratfor）的一篇研究报告指出："外部玩家

---

① Timothy Williams, "The Middle East's Scramble for Africa: Building Bases and Instability," *The Royal United Services Institute*（RUSI）, February 26, 2018, https://rusi.org/commentary/middle-east%E2%80%99s-scramble-africa-building-bases-and-instability.

② Shaul Shay, "Turkey-Sudan strategic relations and the implications for the region," *Institute for Policy and Strategy*, January 2018. https://www.idc.ac.il/he/research/ips/Documents/publication/5/Shaul_ Shay_ TurkeySudan11_ 01_ 18A. pdf.

③ Mohammed Amin, "Suakin: 'Forgotten' Sudanese island becomes focus for Red Sea rivalries," March 18, 2018. https://www.middleeasteye.net/news/suakin-island-sudan-turkey-saudi-arabia-egypt-394055164.

的竞争对非洲之角的影响力越来越大。"①《金融时报》的文章称这是"在欠发达的非洲之角发生的政治和商业战争"。一位欧洲高级外交官称此为"赤裸裸的争夺"。索马里兰外交方面的负责人萨阿德·阿里·希尔评论称："因为海上通道的重要性，红海走廊一直吸引着地区大国。现在又有新的国家被吸引过来，不同之处在于它们更强大、更富有，它们希望被人关注，它们想要展示肌肉。"②考虑到有大量原油会从海湾经苏伊士运河及其他地区途经红海水域，影响力争夺战也具有更广泛的地缘政治意义。

2018 年底，亲政府的土耳其日报《叶尼萨法克》发表了一篇专栏文章，指责阿联酋在红海西岸的做法如同"在危险水域游泳"，将"影响土耳其在该地区的人道主义政策"。③沙特、阿联酋则越来越认为土耳其正试图在非洲地区恢复"奥斯曼帝国"的影响，寻求取代沙特在本地区的领导地位。④

但实际情况是，到目前为止，没有任何一个中东国家能在红海地区实现区域主导地位，它们之间的竞争只能让红海地区局势更加纷乱和军事化，进一步加剧这个已然动荡地区的不稳定和不安全局面。

---

① Taimur Khan, "UAE and the Horn of Africa: A Tale of Two Ports," *Stratfor*, March 13, 2018. https://worldview.stratfor.com/article/uae-and-horn-africa-tale-two-ports.

② Tom Wilson, "Somaliland port development highlights Horn of Africa potential," *Financial Times*, October 29, 2018. https://www.ft.com/content/f48e5a18 – d130 – 11e8 – a9f2 – 7574db66bcd5.

③ ibrahim Tiğlı, "The United Arab Emirates is swimming in dangerous waters," *Yeni Safak*, Novermber 13, 2018. https://www.yenisafak.com/en/columns/i% CC% 87brahimtigli/the-united-arab-emirates-is-swimming-in-dangerous-waters – 2046752.

④ David Shinn, "In Red Sea Region, Competing Outside Powers Complicate U. S. Interests," *United States Institute of Peace*, December 19, 2018. https://www.usip.org/publications/2018/12/red-sea-region-competing-outside-powers-complicate-us-interests。

第七章
沙特阿拉伯记者卡舒吉事件的
来龙去脉及影响

贾迈勒·卡舒吉（Jamal Khashoggi）是沙特阿拉伯人，同时拥有美国绿卡，2017 年 9 月以后他主要居住在美国，是美国《华盛顿邮报》的专栏作家。2018 年 10 月 2 日，卡舒吉进入沙特阿拉伯驻土耳其伊斯坦布尔的领事馆之后消失，迄今为止"活不见人，死不见尸"。根据目前已知的信息，卡舒吉已经在领事馆内死亡，而且死得很悲惨，尸体遭到肢解且下落不明。

卡舒吉的死不是偶然的

卡舒吉的死有一定的必然性，因为他深深卷入了沙特阿拉伯王室内部的权力斗争中。①

沙特阿拉伯王国是由阿卜杜勒·阿齐兹（西方称其为 Ibn

---

① 参见 David Ignatius, "The Khashoggi killing had roots in a cutthroat Saudi family feud," *The Washington Post*, https://www.washingtonpost.com/opinions/global-opinions/the-khashoggi-killing-had-roots-in-a-cutthroat-saudi-family-feud/2018/11/27/6d79880c-f17b–11e8–bc79–68604ed88993_story.html?utm_term=.3c400d4a1061。

Saud）于 1932 年建立，1953 年阿齐兹国王去世，依照他生前的安排，王位在他的儿子间传承，兄终弟及，轮大排小。他去世时有38 位拥有王位继承权的儿子。经过六十多年的传承，阿齐兹国王在世的儿子都年事已高，其中最年轻的穆克林（Muqrin）亲王是1945 年出生的。从 2011 年开始，沙特阿拉伯的王储接连去世。2011 年，时任王储苏尔坦（Sultan）亲王没等到接班就去世了，接着紧急任命的王储纳伊夫（Nayef）亲王又在 2012 年去世，于是萨勒曼（Salman bin Abdulaziz Al Saud）亲王在 2012 年被任命为王储。当时沙特阿拉伯国内外舆论多认为，这位王储恐怕也当不成国王，因为萨勒曼亲王的身体特别不好，早年曾经中过风。

2015 年 1 月沙特国王阿卜杜拉（Abdullah）逝世，王储萨勒曼亲王成功接任。就任四年来萨勒曼国王先后任命了三个王储：第一位是其继位初期任命的其年龄最小的弟弟穆克林亲王，穆克林亲王在 2013 年就已经被前国王任命为副王储，萨勒曼继任国王后宣布穆克林为王储；第二位是自己的侄子穆罕默德·本·纳伊夫（Muhammad bin Nayef）亲王；萨勒曼在继位两个月后宣布废除王储穆克林亲王，任命穆罕默德·本·纳伊夫亲王为新王储，并任命自己的儿子穆罕默德·本·萨勒曼（Mohammad bin Salman）亲王为副王储；2017 年 6 月，萨勒曼国王再次废王储纳伊夫亲王，直接任命自己的儿子穆罕默德亲王为新王储。

这说明沙特王室的内部斗争非常激烈。因为王位经过六十多年的传承，第二代仍然在世的王子年龄都很大了，王位不可避免地要往第三代传承，而第三代有数百位王子，到底要怎么传已经没有了可以依据的规则，这使得王位继承有了很大的不确定性。

围绕着王位继承，沙特王室主要形成了两个集团。其一是以前任国王阿卜杜拉为代表。阿卜杜拉国王大权在握二十年，竭力想把王位传给自己的儿子穆塔卜·本·阿卜杜拉（Mutaib bin Abdullah）亲王（长期担任国民卫队司令）。另一个是现任国王萨勒曼所在的集团，这一支在沙特家族中权力显赫。萨勒曼的母亲来自阿拉伯半岛最大的苏德里家族，她一共生了7个儿子，他们被称为"苏德里七兄弟"（Sudairi Seven），他们中的老大法赫德（Fahd）曾为沙特第五任国王，老二和老四（苏尔坦和纳伊夫）在世时也曾担任王储，萨勒曼是七兄弟中的老六，老七艾哈迈德（Ahmed）亲王仍然健在。

为什么阿卜杜拉国王在2013年要"破天荒"地任命副王储呢？这实际上是对先王兄终弟及、由大排小继承秩序的违背。当时任命穆克林亲王作为副王储，主要目的是要力保阿卜杜拉自己的儿子穆塔卜亲王未来成为第三代的第一位国王。但是人算不如天算，2015年初阿卜杜拉国王去世，萨勒曼国王上任之后搞了一系列动作，也是为了把王位直接传给自己的儿子穆罕默德亲王。

显然，萨勒曼国王试图将沙特王国变成"萨勒曼王国"，并为此展开了一系列排斥异己和集中权力的行动（以往沙特王国主要是在阿齐兹国王的儿子们之间分权），此举自然会在王室内部遭遇巨大的阻力。

为了巩固自己儿子穆罕默德亲王的地位，萨勒曼国王对他重权加身，早在2015年就任命他为副王储兼国防大臣，很快又委任他为国家经济委员会的负责人，沙特的军事和经济大权都由他一手掌握。与此同时，穆罕默德亲王开始排斥异己。2017年6月，前王储纳伊夫亲王被废黜后一直遭到软禁，当年 11 月，新王储又以反腐为名扣押了几十名位高权重的人士，包括 10 多位亲王，如国民卫队司令穆塔卜·本·阿卜杜拉亲王、号称沙特首富的瓦利德（Al-Waleed bin Talal）亲王等。穆罕默德王储以此逼迫他们交出权力和财产。

穆罕默德王储非常急迫地收拢权力，在沙特推动了一系列的改革，除了集权的需要，也是基于沙特国家本身的危机，即沙特的国家管理体制还停留在遥远的过去，其经济严重依赖于石油，穆罕默德推出"2030 年愿景"，强调经济要多元化，还推出了一系列在沙特内部看来比较激进的改革，比如妇女可以申领驾照、观看体育比赛，以及开放电影院等，年轻的王储希望以此来获得年轻人的认同，树立自己的威信和开明形象。当然同时也可以增加政府的财政收入来源，因为 2014 年油价大跌之后，王室的财政压力巨大，连年出现高达 1000 亿美元的巨额赤字，另外，改革和庞大的支出也需要大量财力来支撑。①

现在沙特的实际权力几乎全集中在穆罕默德王储一个人身上，国际舆论认为他实际上已把其父架空了，现在他的叔叔们要想见国王必须经过他同意。但实际上情况可能并非如此，从萨勒曼国王在卡舒吉事件上的表现来看，他实际上还是在过问很多事情，也确实铁了心要把权力交给儿子穆罕默德王储，在这一点上国王丝毫没有因为卡舒吉事件而有所动摇。

---

① 参见 Madawi Al-Rasheed, *Salman's Legacy: the dilemmas of a new era in Saudi Arabia*, New York: Oxford University Press, 2018, pp. 1 – 28。

　　卡舒吉不是一个简单的媒体人或者名记者。他出身沙特的名门望族，爷爷是沙特开国君主阿齐兹的私人医生，叔叔是大军火商，家族富可敌国，可以与本·拉登家族比肩（本·拉登家族作为大建筑商，和沙特王室关系特别好）。卡舒吉和王室的关系很不一般，曾长期担任前情报总局局长图尔基·费萨尔（Turki bin Faisal）亲王的外事顾问，在图尔基亲王担任沙特驻英国和美国大使期间，卡舒吉曾随任前往。卡舒吉还被上文提到的瓦利德亲王委以重任，出任其设在巴林的阿拉伯新闻电视台（Al-Arab News Channel）的台长。卡舒吉和本·拉登家族的关系也非常好，所以在20世纪80年代卡舒吉曾经多次采访本·拉登，一直到1995年还采访过他。在一年多前穆罕默德亲王出任王储后，卡舒吉离开沙特移居美国。显然，2017年6月穆罕默德亲王就任王储之后，卡舒吉明显感觉到了危险，当年9月他就离开沙特到了美国。

　　这些都表明，卡舒吉与王室内部，特别是与前任国王阿卜杜拉时代的当权亲王有非常密切的关系，在王室斗争不断加剧的背景下，他不得不移居美国。到了美国之后，卡舒吉担任《华盛顿邮报》的专栏作家，不断写文章攻击王储穆罕默德亲王，实际上成为在沙特阿拉伯国内失去权力的亲王们的国外代言人。穆罕默德王储的所有行为，不管是推出"2030愿景"规划，还是解除对妇女的种种限制，抑或是2018年的访美行程，卡舒吉统统都予以批评，揭露其"假面具"。当然，卡舒吉对穆罕默德王储的批评也不仅仅是泄愤，有许多确实击中了要害。比如他指出，在沙特开放妇女申领驾照的第一天，有女权活动分子开车在街上兜风，马上就被抓进了监狱，由此可以说明穆罕默德王储的改革只是为了维护其表面形

重要一环。特

先战略，既不

是希望由地区

列的作用至关

　　沙特阿拉

要竭力保护沙

太大，特朗普

特国王父子的

　　实际上，

家的权力游戏

堪，迫使美国

使土耳其获得

土耳其的配合

派国务卿和中

关系得到了相

方式收场：美

阿拉伯拿出一

在中东不会引

换王储，实际

部署儿子接班

整，现在如果

① 参见 "Erd

erdogan-jar

象，实际上不会走得很远。[1] 卡舒吉的揭露与批评，自然使他成为穆罕默德王储的眼中钉、肉中刺。这是卡舒吉之死的必然原因。

沙特阿拉伯、土耳其、美国三方的互动

卡舒吉遇害的消息和相关细节一直是由土耳其媒体爆料的。从一开始土耳其方面就认定卡舒吉死在沙特阿拉伯驻伊斯坦布尔的领事馆里，显然从正常途径很难准确了解这样的信息，因此有以下两种可能性：一是土耳其在沙特阿拉伯领事馆里装有窃听或窃录设备；二是土耳其窃听到沙特阿拉伯方面和领馆人员就卡舒吉事件的关键通话信息。这也是土耳其一直无法公布相关证据的原因，因为无论是哪种情况，都无法登大雅之堂。

但是土耳其从一开始就充分利用了这一事件。首先，通过不停地追问真相，成功地抓住了全世界的眼球，塑造了自己主持公道的形象——土耳其非常需要这种形象，因为土耳其总统埃尔多安排斥异己，被指责为独裁者，他需要站在道德制高点上洗刷污名。其次，通过此事对沙特阿拉伯施加压力，迫使沙特阿拉伯向土耳其低头。沙特阿拉伯和土耳其在中东是一对冤家，两国都野心勃勃。西方国家认为，埃尔多安想当"新苏丹"，苏丹是土耳其奥斯曼帝国的皇帝，同时是全世界穆斯林的领袖；沙特阿拉伯则以伊斯兰教两个圣地的保护者自居，号称伊斯兰世界的盟主。两国在野心上是有

① 参见 "Khashoggi：Saudi Arabia can never be a democracy 'on MBS watch'," *Al Jazeera News*, https：//www. aljazeera. com/news/2018/03/khashoggi-saudi-arabia-democracy-mbs-watch–18032 3103543171. html。

冲撞的。在地[...]

尼派传统为主[...]

拉伯则将"穆[...]

土耳其的[...]

狈，沙特阿拉[...]

前丢尽了脸面[...]

朗普来说，他[...]

沙特阿拉伯对[...]

办法。"9·11[...]

事件过后，美[...]

页没有公开，[...]

国的重要性使[...]

美国之所[...]

美元地位。2[...]

主要靠大宗商[...]

大国和世界最[...]

美国非常看重[...]

沙特阿拉伯[...]

1100 亿美元[...]

70 年代油价[...]

200 亿～300[...]

能飞 4 架美[...]

过了其防卫[...]

进行利益输[...]

稳如磐石，不会有大的变化，更换王储的可能性基本可以排除。

不过，沙特也不可能完全不为此付出代价。首先，从卡舒吉事件来看，穆罕默德王储的行事风格显然有些激进，在具体操作上又考虑得不很缜密。萨勒曼国王在世久一点的话，可以帮助其进一步巩固地位；如果国王在两三年内去世，届时王储能否掌控局面是一个大问题，这一点美国也非常担心。其次，沙特阿拉伯王国本身并不是"天生的"铁板一块，沙特家族原来统治的区域只是内志地区，后来将红海沿岸的汉志王国也抢过去了，汉志王国原来的统治者是和先知穆罕默德有直系亲缘关系的"圣裔"，所以一旦沙特王室内部出大问题，也不能排除王国出现分裂的可能。最后，亚西尔地区是沙特从也门手里抢过去的，原来也不是沙特家族统治的地方，因此沙特阿拉伯内部一旦出现大的变动，是有可能出现国家分裂危机的。

沙特阿拉伯王室统治的隐忧

沙特王室从 1932 年以来维持了比较稳定的统治，这是建立在四大统治基础上的，而现在这四大统治基础都在动摇。

第一是王室内部的平衡。在开国君主阿齐兹国王 30 多个有王位继承权的儿子支系里面，大概有十几家是核心支系。长期以来，在王国内政、军事、财政、石油、外交事务等各个重要的领域，各主要支系可谓雨露均沾。比如，费萨尔亲王一支一直占据着外交大臣一职，阿卜杜拉亲王一支五十多年来始终控制国民卫队，等等。王室内部权力的运作是平衡的，王位也有条不紊地按照先王生前的安排在兄弟之间按顺序传承。但是，现在萨勒曼国王打破了惯例，他将王位直接传给自己的儿子。而且，为了确保儿子能够顺利继承王位，萨勒曼国王还对王国权力的运作进行了"颠覆性"的调整，从各兄弟分支收回实际权力。显然，原有王室内部权力的平衡被打破，未来将是萨勒曼国王一系独揽大权。因此，有人已开始形容现在的沙特阿拉伯为"萨勒曼王国"。

第二是沙特家族和伊斯兰教瓦哈比派之间的战略同盟。伊斯兰教瓦哈比派两百多年前在阿拉伯半岛兴起，是伊斯兰教中最保守的教派之一，现在的"基地"组织和"伊斯兰国"组织的意识形态都与瓦哈比派相似。两百多年前（1744年）沙特家族的祖先与瓦哈比派正式结成了联盟，瓦哈比派保证沙特家族在阿拉伯半岛统治的合法性，沙特家族则保证这个教派未来在阿拉伯半岛的独尊地位，并承诺将瓦哈比教义向全世界推广。现在，瓦哈比派对沙特王室，特别是对穆罕默德王储的改革措施很不满意，因此，王储出手打击不满其改革举措的宗教上层人士，并限制宗教警察的权力和行为。实际上，沙特王室与瓦哈比派存在了长达两个半世纪的战略同盟正趋于瓦解。

第三是源源不断的石油收入。自从20世纪70年代初以来，石油收入一直是沙特阿拉伯王室统治的利器，在油价高的年份其石油年收入曾达2500多亿美元，即使按目前的油价其一年的石油收入也能接近2000亿美元。但近年来，沙特阿拉伯的石油收入已经出现危机的端倪。虽然沙特石油的开采成本很低，但由于沙特王室在方方面面的巨额花费，要维持国家财政的平衡必须使油价保持在每桶70~80美元以上。2014年国际油价大跌之后，王室财政已经出现很大的亏空，政府不得不动用储备基金来填补财政赤字，致使王国的国家储备基金从接近7000亿美元直线下降到不足5000亿美元。从长远来看，石油收入对于沙特阿拉伯来说也是越来越靠不住了，因为在全世界的能源消费结构中，石油所占的比重不断下降，很多国家已经出台了禁售燃油汽车的时间表。根据权威报告，2035~2040年全球石油消耗量将达到最高点，之后将出现不可逆的下降。而且，沙特阿拉伯石油王国的地位也受到美国越来越大的挑战。随着页岩油、页岩气技术的突破，美国于2018年再次成为石油净出口国。

正是因为石油收入这个基础在动摇，沙特王国政府才在穆罕默德王储的主导下急急忙忙推出了"2030愿景"这样的经济多元化规划，尽管很多人并不看好这个规划的前景。卡舒吉事件的发生，对穆罕默德王储推动的经济规划是一个明显的打击，[①] 因为很多西方媒体、企业和国家领导人抵制了2018年10月23~25日在利雅得举办的被称为"沙漠达沃斯"的第二届未来投资倡议大会。这一为期三天的会议是为落实王储穆罕默德亲王雄心勃勃的"2030愿景"而采取的实际步骤，是沙特阿拉伯摆脱石油依赖、通过私人投资和创新推动经济发展的重大举措。但卡舒吉事件明显冲击了"沙漠达沃斯"，包括美国财政部部长史蒂芬·努钦和国际货币基金组织总裁克里斯蒂娜·拉加德在内的"大咖"都没有来参会，"优步"（Uber）首席执行官等与沙特阿拉伯有很深商业联系的商界领袖也抵制了此次会议。

---

① 参见 Patricia Sabga, "Jamal Khashoggi killing: Is Saudi Arabia too toxic for investors?" *Al Jazeera News*, https://www.aljazeera.com/news/2018/10/jamal-khashoggi-killing-saudi-arabia-toxic-investors-181021191206506.html.

第四是在外交上保持平衡，尽量不树敌。过去，沙特阿拉伯王国政府几乎在所有国际事务和地区事务上都是很低调的，所有对沙特王室的威胁基本都是在台面下用石油美元搞定的。但是，近年来沙特阿拉伯一反常态，特别是在中东地区高调行事，对与周边国家的矛盾越来越不加掩饰，四面树敌。2015年3月，在穆罕默德王储（时任副王储兼国防大臣）亲自主导下，沙特阿拉伯组织超过10个国家的阿拉伯联军出兵也门，帮助逃亡在沙特阿拉伯首都利雅得的也门总统哈迪对抗占领也门首都并一路南下的胡塞武装。以沙特阿拉伯为首的阿拉伯联军的军事行动得到美国在后勤（包括空中加油）等方面的支持。但是，以沙特阿拉伯为首的阿拉伯联军对也门的干预极不成功，并经常因为联军误伤大量平民而引起国际社会的强烈谴责。几年来，胡塞武装牢牢控制着包括首都萨那在内的也门北部，并不时把战火引向沙特与也门接壤的地方，还不时用弹道导弹袭击包括沙特首都利雅得国际机场在内的目标。2018年，阿拉伯联军进攻胡塞武装占领的荷台达港，试图切断胡塞武装与外界的联系通道，但并未达到目的。卡舒吉事件后，美国在巨大压力下宣布停止向沙特、阿联酋等国参与也门军事行动的战机提供空中加油服务。[①] 与此同时，美国国会内民主党议员也抓住也门危机大做文章，批评特朗普为谋取军售和经济利益，与沙特过度捆绑，要求政府反思对沙特政策、停止援助沙特在也门的军事行动。2018年12月，美参议院以56票支持、41票反对通过决议，呼吁

---

① Phil Stewart, "U. S. halting refueling of Saudi-led coalition aircraft in Yemen's War," *Reuters*, November 10, 2018. https: //www. reuters. com/article/us-usa-yemen-refueling/u-s-halting-refueling-of-saudi-led-coalition-aircraft-in-yemens-war-idUSKCN1NE2LJ.

政府尽快采取行动结束也门战争。[①]

2017 年 6 月，沙特阿拉伯又以与伊朗勾结为名制造了与卡塔尔断交的危机，海湾合作委员会（20 世纪 80 年代初成立，由沙特阿拉伯、阿联酋、科威特、卡塔尔、巴林和阿曼组成）内部"同室操戈"，一度还剑拔弩张到要兵戎相见，结果土耳其乘虚而入，派少量军队入驻卡塔尔，卡塔尔在危机之中与伊朗的关系也进一步走近。几年来，沙特阿拉伯"成功地"四面树敌：与伊朗成为死敌，与也门兵戎相见，与卡塔尔关系紧张，与伊拉克关系也不睦，还曾软禁黎巴嫩总理哈里里……实际上，沙特阿拉伯王储的鲁莽行为已经引发了周边小国的担忧和恐惧，离心倾向日益严重，大家私下都感到对穆罕默德王储心里没底，"不知道他未来会做出什么事情来"。前不久科威特埃米尔和土耳其总统埃尔多安会晤，就是在考虑另找一个靠山来平衡沙特阿拉伯，这也是这种疑惧心理的反映。

总而言之，目前沙特阿拉伯王室统治的四大基础全部动摇。由于王室统治的长期稳定，沙特阿拉伯素有"中东压舱石"的美誉，因此一般认为，如果有朝一日沙特阿拉伯出现大变局的话，中东地区会陷入非常可怕的动荡，世界经济也会由于随之而来的能源市场大地震出现难以预测的局面。

---

① Congress and the War in Yemen: Oversight and Legislation 2015 – 2019, *CRS Report*, R45046, updated February 1, 2019. p. 13.

第八章

2018 年中国摩洛哥关系的发展

摩洛哥是非洲西北部的一个阿拉伯国家，领土面积 44.655 万平方公里①，人口 3645 万（2018 年）②。摩洛哥最早的居民是柏柏尔人，其先后受到迦太基、罗马帝国和拜占庭帝国的统治。7 世纪时，阿拉伯人征服北非地区，摩洛哥遂成为伊斯兰世界的一部分。15 世纪后，摩洛哥先后遭葡萄牙、法国、西班牙等国入侵。1956 年 3 月，摩洛哥宣布独立。1957 年 8 月 14 日，定国名为摩洛哥王国。1958 年 11 月，摩洛哥与中国建立正式外交关系。

建交 60 年来，两国关系健康、稳定发展，近年来发展更为迅速。2016 年，两国建立战略伙伴关系，两国间的合作交流进入新的历史阶段。2017 年，两国签署共同推进"一带一路"的谅解备忘录，两国关系也因此再上新台阶。2018 年，是中国与摩洛哥建交 60 周年，两国在政治、经济、军事和人文等方面的交往合作都取得了新的进展。

---

① 1979 年以来，摩洛哥占领并控制了西撒拉哈大部分领土（约 26.43 万平方公里），但并未得到国际社会的承认。

② "Morocco Population."，http：//worldpopulationreview.com/countries/morocco/.

一 政治交往

2018 年，在政治交往方面，两国不仅有高层互访，在政党交流和司法合作等方面也有新的进展。

为了筹备中阿合作论坛第八届部长级会议，外交部中阿合作论坛事务大使李成文于 4 月 17 ～ 18 日访问摩洛哥，并同摩洛哥外交与国际合作部国务秘书布塞达就部长级会议的筹备工作等交换了意见。7 月 10 日，摩外交与国际合作大臣布里达访华并参加了在北京举行的中阿合作论坛第八届部长级会议。布里达对习近平主席在开幕式上的讲话深表赞同，认为中阿合作共建"一带一路"有利于增进中阿战略互信，实现互利共赢，推动中阿战略伙伴关系向前发展。布里达在华期间，还会见了中国国务委员兼外交部部长王毅。双方回顾了近些年两国关系的发展，并表示希望在"一带一路"框架下更进一步推动两国战略伙伴关系。

9 月初，摩洛哥首相奥斯曼尼访华并参加在北京举行的中非合作论坛北京峰会。国家主席习近平接见了奥斯曼尼并同其举行了会谈。在会谈中，习近平主席回顾和肯定了两国交往的历史，表示中方将一如既往地坚定支持摩方维护国家稳定、实现经济社会发展目标的努力，视摩方为共建"一带一路"的重要合作伙伴，愿意同摩方一道努力，在重大国际和地区问题上加强沟通和协调，维护两国和发展中国家的共同利益，推动中摩战略伙伴关系取得新的更大发展。奥斯曼尼也表示，穆罕默德六世国王陛下高度重视摩中战略伙伴关系，认为中国是国际舞台上重要和积极的力量。摩方支持中方提出的各项非中合作措施，感谢中国长期给予的帮助和支持，将恪守一个中国政策，摩洛哥愿成为"一带一路"合作的强有力伙伴。① 奥斯曼尼还认为，非中正努力共建一个多元化和彼此尊重的世界，习近平主席在中非领导人与工商界代表高层对话会暨第六届中非企业家大会开幕式上的主旨演讲，明确表明了中国未来会把非洲作为优先合作的对象，并宣布了中国对非政策的新方向。中国作为一个在科技和经济上取得巨大成就的国家，能够帮助非洲重塑经济结构，从而帮助非洲实现振兴。摩洛哥也愿意借鉴中方治国理政经验，积极参与"一带一路"建设，实现共同发展。② 中共中央政治局常委、中央书记处书记王沪宁也会见了摩洛哥首相奥斯曼尼，并与他举行了会谈。

11月1日是中摩两国正式建交60周年的纪念日，习近平主席同摩洛哥国王穆罕默德六世互致贺电，同日，李克强总理也同摩洛哥首相奥斯曼尼互致贺电庆祝两国建交60周年。两国领导人都肯定了近年来两国关系的快速发展，并希望双方在共建"一带一路"框架内增进合作，推动中摩战略伙伴关系不断取得新的更大发展。

两国政党间的交流也持续推进。2018年7月9日，由中共中央书记处书记、中央统战部部长尤权率领的中共代表团访问摩洛哥，同摩洛哥首相、公正与发展党总书记奥斯曼尼进行了友好会谈。在会谈中，双方回顾了两国友好关系的发展历程，赞同在推进"一带一路"建设的情况下实现共同发展。双方还表示将进一步加

---

① 《习近平会见摩洛哥首相奥斯曼尼》，新华网，http：//www.xinhuanet.com/politics/2018－09/05/c_1123385535.htm。
② 《摩洛哥首相奥斯曼尼：中国帮助非洲重塑发展结构》，《人民日报》2018年9月5日。

强两党之间的交流合作。访问期间，尤权还对摩宗教事务管理等进行了考察。①

两国在司法方面的交流也进一步深化。7月3日，摩洛哥最高法院院长、最高司法权委员会主席法拉斯访问中国，同中华人民共和国首席大法官、最高人民法院院长周强举行了会见。双方共同签署《中华人民共和国最高人民法院和摩洛哥王国最高法院司法交流与合作谅解备忘录》，为两国司法领域合作注入了新动力。9月20~23日，中国首席大法官、最高法院院长周强访问摩洛哥，同摩最高司法权委员会主席、最高法院院长法拉斯举行会谈，并会见了摩众议长马尔基、参议长本谢玛、司法大臣奥加尔。在访问期间，周强指出，中国正在根据习近平主席提出的全面依法治国方略推进科学立法、严格执法、公正司法、全民守法，统筹推进法治国家、法治政府、法治社会的一体化建设，法治中国建设已经进入新时代，希望中摩两国共同努力，推动司法合作谅解备忘录转化为具体行动，特别是加强商事司法、案例研究、法官培训等方面的交流与合作，营造良好的法治环境，为两国经贸往来、人文交往提供有力的司法服务和保障，更好地造福两国人民。法拉斯院长表示，摩洛哥最高法院愿同中国最高人民法院深化务实合作，促进两国关系深入发展。②

10月17~19日，中国司法部党组书记、副部长袁曙宏率团访

① 《摩洛哥政府首脑奥斯曼尼会见尤权》，新华网，http://www.xinhuanet.com/world/2018-07/10/c_1123106057.htm。
② 《周强率团访问摩洛哥时表示：深化中摩司法交流与合作，促进经贸往来和人文交往，更好造福两国人民》，中华人民共和国最高人民法院网，http://www.court.gov.cn/zixun-xiangqing-120501.html。

问摩洛哥，同摩洛哥司法大臣奥加尔举行双边会谈，并共同签署了合作谅解备忘录。袁曙宏一行还会见了摩众议长马尔基，最高法院院长、最高司法权委员会主席法拉斯，最高法院总检察长阿卜杜纳巴维，外交与国际合作部负责非洲事务的大臣级代表杰祖利，就两国关系及司法领域合作、促进和保护外商投资等议题交换了意见。

在立法领域，中国驻摩洛哥大使李立于2018年1月4日会见了摩洛哥众议院外委会主席加尔比，就举办议会开放日、加强中摩立法机构间交流等交换了意见，希望进一步扩大两国立法领域的合作与交流。

两国地方政府间的交往也在友谊论坛和城市论坛的框架下有所发展。3月26日，由中国对外友协、摩洛哥中国友好交流协会和摩洛哥苏斯—马赛大区共同主办的第二届中国—摩洛哥友谊论坛开幕。本届论坛主题为"摩洛哥：中国'一带一路'倡议在非洲的门户"。两国的一些官员和来自中国17个省份和摩洛哥10余个省市的地方政府负责人、文化和经贸界代表等近400人出席。两国代表都相信中摩友谊论坛将进一步增进中摩地方政府间交往，推动双方在经贸、文化、旅游等各领域的合作，助力中摩在共建"一带一路"事业中发挥更大作用。11月8日，由中国人民对外友好协会、阿拉伯城市组织及摩洛哥内政部主办的"第二届中国阿拉伯城市论坛"和"中摩友好同心合力"公益项目在摩洛哥马拉喀什举行，来自中国和阿拉伯国家政府和民间机构、学术机构、地方政府及私营机构的逾250名代表参加了论坛。

此外，中国驻摩洛哥大使馆也在摩洛哥开展了一系列活动，对中摩关系的发展起到了推动作用。2018年3月2日，中国驻摩洛哥大使李立考察访问了丹吉尔大区的穆罕默德六世科技城的选址活动和丹吉尔港口，并同丹吉尔大区议会主席奥马里和自治港管委会主任布瑞尼就两国的友好合作交换了意见。3月6日，中国驻摩洛哥使馆和阿玛杜斯学会联合在摩洛哥首都拉巴特举办了中非合作专家论坛，中国驻摩洛哥大使李立、阿玛杜斯学会主席费赫里、马里前总理马拉、中非共和国前总理齐盖莱，以及来自中国、摩洛哥和非洲等多国的知名专家学者、政府官员、企业界和媒体代表等近百人参加了论坛。论坛分设经济、政治、人文和安全四大专题讨论会，旨在就中非关系未来发展集思广益、培植共识，为中非全面战略伙伴关系更好、更快发展提供更多的理论支撑和智力支持。6月12日，李立大使会见了摩皇家战略研究院院长穆利内，就中非合作论坛、两国在"一带一路"框架下加强合作等交换了意见。11月13日，中国驻摩洛哥使馆同摩洛哥皇家战略研究院在拉巴特联合举办了中国和摩洛哥建交60周年研讨会。来自中国、摩洛哥和非洲等国知名专家学者、政府官员、企业界和媒体代表等近200人参加。本次研讨会以"中摩关系在全球化世界中的未来"为主题，分设政治、经贸、人文和三方合作四大议题，有利于为未来中摩关系更好、更快地发展提供更多的理论支撑和智力支持。

二 经贸合作

2018年，中摩两国在经济贸易方面的交往与合作也取得较大进展。首先，两国的双边贸易额再创新高，达到43.9亿美元，比上一年增长14.74%。其中，中国对摩洛哥出口36.81亿美元，同比增长 15.89%；中国自摩洛哥进口 7.09 亿美元，同比增长 9.13%。①

其次，对摩投资与双边合作取得新进展。2018 年 6 月，中天科技摩洛哥有限公司的工厂开工典礼在摩洛哥丹吉尔汽车城免税区举行。作为国内线缆行业的领军者，中天科技摩洛哥工厂建成后将主要进行导线和光缆产品生产，以优化当地的线路传输，给当地居民提供更便利的通信产品，推动当地经济可持续发展。生产铝制轮毂的世界知名厂商中国中信戴卡公司同摩洛哥政府签署了一项建厂生产铝轮毂的工业项目协议，投资金额达 3.5 亿欧元，创近年来中国对摩投资新高。另外，摩洛哥阿提扎利瓦法银行与中国建筑工程总公司（CSCEC）也签署了长期合作协议，旨在共同开发在摩和非洲其他国家关键领域的商机，如房地产开发和基础设施建设等。摩 OCP 集团与中国湖北富邦集团签署框架协议，旨在共同开发新一代高附加值肥料，促进智能农业发展。10 月，中国亿利资源集团与摩洛哥东部大区政府签署了一项协议，双方拟在该地区的半干旱区域建立 250 公里的防沙绿化带，以推广中国治沙模式。11 月，华为公司与摩教育部合作，针对摩大学生推出了一个名为"华为未来种子"的项目，旨在摩洛哥大学校园中推广高新技术，帮助摩年轻人更好就业。被项目选中的大学生将获得赴中国学习两周的机会。他们首先会在中国地质大学进行学习，然后赴深圳华为总部进行高新技术的培训，包括 5G、LTE、云计算等。

---

① 《中国—摩洛哥 2018 年双边贸易再创新高》，中国驻摩洛哥大使馆经商处网站，http：//ma. mofcom. gov. cn/article/jmxw/201902/20190202833303. shtml。

最后，金融合作取得新突破。9月5日，摩洛哥阿提扎利瓦法银行与中国银行在北京签署了合作备忘录，旨在加强双方在信息经验交流、共建"一带一路"、大项目融资和人民币交易等领域合作。9月6日，中非合作论坛北京峰会期间，在杭州举办的首届中非民营经济合作高峰论坛上，摩洛哥外贸银行与中非民间商会签署了一项合作备忘录，旨在促进中国企业在摩洛哥乃至非洲地区的投资，让中非贸易流通更加便利。① 中非合作论坛北京峰会期间，中国国家开发银行与16家非洲银行签署了《中非金融合作银联体成立协议》，摩洛哥阿提扎利瓦法银行是创始成员之一。该组织的成立旨在促进中非贸易投资往来、加强在非洲基础设施和大项目融资领域合作。经中国银保监会批准，摩洛哥外贸银行上海分行获批筹建，2019年1月2日正式开业。该行成为在华开展业务的第一家摩洛哥银行和第二家非洲银行，主要经营贸易融资和项目贷款业务，将在中摩经济合作中发挥重要作用。12月19日，亚洲基础设施投资银行宣布，其理事会批准摩洛哥成为亚投行的意向成员国。摩洛哥还须走完其国内法定程序并将首笔资本金缴存银行，才能成为亚投行的正式成员。新意向成员的股份将从亚投行尚未分配的预留股份中获得。

此外，两国还通过参加一系列经贸平台的活动进一步发展经贸关系。2月8日，中国商务部副部长钱克明与摩洛哥工贸大臣阿拉米在拉巴特共同主持召开中摩第六届经贸联委会，就贸易、投资、

---

① 《摩洛哥外贸银行与中非民间商会签署合作备忘录》，中国驻摩洛哥王国大使馆经济商务参赞处网站，http://ma.mofcom.gov.cn/article/jmxw/201809/20180902784430.shtml。

基础设施和援助等领域的合作交换意见并签署了会议纪要，钱克明副部长还邀请摩方参加即将举行的首届中国国际进口博览会。3月22日，中欧国际工商学院和卡萨布兰卡管理学院在卡萨布兰卡联合举办"中摩企业桥梁"研讨会，为两国企业间的交流与合作搭建桥梁。中国国际贸易促进会代表团在访摩期间同摩洛哥企业家联合会共同签署了加入丝绸之路商务理事会的合作谅解备忘录，摩企业家联合会正式成为丝绸之路商务理事会的成员单位，加入了"一带一路"沿线国家工商业界对话和交流的平台。9月在北京举行的中非合作论坛北京峰会暨第七届部长级会议也是中摩经贸交往的重要平台。习近平主席宣布中国将同非洲共同实施产业促进、设施联通、贸易便利、绿色发展、能力建设、健康卫生、人文交流、和平安全"八大行动"，把"一带一路"倡议、联合国2030年可持续发展议程、非盟《2063年议程》以及非洲各国发展战略对接起来，以帮助非洲培育内生增长能力为重点，创新合作理念方式，推动中非合作向更高水平发展。9月19日，摩洛哥投资和出口发展署署长依沙姆·布德拉（Hicham Boudraa）出席了在北京举行的2018年非洲投资巡展，为中资企业对非投资搭建了良好平台。9月18～21日，亚投行行长金立群作为嘉宾出席了在摩洛哥马拉喀什举行的国家主权财富基金论坛第十次年会。11月5～10日，摩洛哥驻华大使梅夸阿尔率领代表团参加了在上海举办的第一届中国国际进口博览会。由摩投资和出口发展署（AMDIE）以及摩出口商协会（Asmex）组织摩企业参展。摩出口商协会主席哈桑·桑提斯表示，摩方愿充分利用进口博览会的平台，向中国乃至世界展示摩洛哥更具竞争力的出口产品。12月3日，2018年中非企业家对接会议开幕式在卡萨布兰卡举行，中摩两国的官方代表和近 200 名中非企业代表参会。

我国驻摩洛哥大使馆也通过同摩洛哥各级官员的会谈和其他活动，为两国经贸关系的发展创造条件。3 月 16 日，驻摩洛哥大使李立和经商参赞景宁会见摩国家铁路局（ONCF）局长穆罕默德·拉比·格利，就两国在铁路领域进行合作交换了意见。3 月 20 日，他们又会见了摩国家海关和间接税管理总局局长纳比勒·拉赫达尔，围绕两国在海关信息化和现代化建设、进出口数据共享、人员培训、电子商务以及自贸协定等方面的合作交换了意见。9 月 28 日，中国驻摩洛哥大使李立赴摩投资和出口发展署考察调研，与署长依沙姆·布德拉举行了会谈。李大使介绍了中非合作论坛北京峰会成果，并表示希望与摩投资署在落实峰会"八大行动"、促进中国投资、加强两国企业交流等领域密切合作。10 月 22 日，李立大使赴卡萨布兰卡航空工业园（Midparc）考察调研，与航空工业园主席、摩航空业职业培训学校（IMA）校长哈密德·本卜拉欣进行会谈，希望两国开展高新技术产业的合作，开展青年培训和技术交流项目，助力摩青年发展和摩工业化提升。中国驻摩洛哥使馆还于 7 月 24 日举办《中国与世界贸易组织》白皮书宣介会，向摩方介绍我国对外开放新举措和外贸政策，有利于摩方了解中国的外贸政策和促进两国经贸交往。

三　军事交流

2018 年，两国军事领域的合作交流也有新的发展。1 月 24 ~

28 日，中国人民解放军海军第 27 批护航编队对摩洛哥进行了为期 5 天的友好访问。访问期间，编队指挥员黄凤志大校、政委何如胜大校一行拜会摩海军副总监巴卡尔迪准将等军地负责人，就中摩关系及两军友好交流合作交换意见。编队此访旨在增进两军交流，深化两国友谊，推动中摩关系不断向前发展。访问期间，编队还组织公众开放日活动。中摩海军官兵开展相互参观舰艇、军事交流、足球友谊赛等活动。中国海军第 27 批护航编队由"海口号"导弹驱逐舰、"岳阳号"导弹护卫舰和"青海湖号"综合补给舰组成。

7 月 26 日晚，中国驻摩洛哥大使馆举行招待会，热烈庆祝中国人民解放军建军 91 周年。摩军方、政府部门、驻摩使团、中资机构、华侨华人及各界友人 150 余人出席，李立大使率全体外交官参加。徐国培武官在致辞中简要介绍了中国人民解放军建军历史和军队现代化建设成就，阐述了中国和平发展的外交理念和防御性国防政策，并表示愿继续推进和深化中摩两军交流合作。现场循环播放了《今日中国军队》专题片，举办了中国军队新时代风貌图片展，并向来宾发放了军事外宣材料。此次招待会有利于摩洛哥了解我国军队现代化建设的成就和加强两国在军事领域的交流与合作。

四　人文交流

在人文交流方面，两国在医疗卫生、旅游、文化和教育等领域的交往与合作取得了新的重大进展。

1. 医疗卫生领域的合作

自 1975 年以来，中国每年都向摩洛哥派遣援摩医疗队，推动两国医疗卫生领域的交流与合作。作为两国医疗卫生领域交往的重要方式之一，两国官方都非常重视中国援摩医疗队的情况。中国驻摩洛哥大使李立不仅于7月16日陪同摩卫生大臣杜卡利赴穆罕默迪亚对援摩医疗队进行考察，了解中国援摩医疗队的工作和生活情况，还于12月8日亲自赴中国援摩医疗队本格里分队考察，并同队员亲切交流，10月29日还在中国驻摩洛哥使馆举办援摩第171批医疗队离任招待会。

为了进一步加强两国在医疗卫生领域的合作交流，驻摩洛哥大使李立于6月19日和10月16日两次会见摩卫生大臣杜卡利，11月2日会见摩卫生部秘书长纳基米，就加强中摩两国在医疗卫生事业发展、中医、远程医疗、人员培训和医疗队等领域合作，以及改善援摩医疗队条件、提升医疗合作水平交换了意见。

为进一步宣传中医文化和展现中国在医疗器械与技术方面的发展，30家中国企业参加了2018年3月1日在卡萨布兰卡展览中心举办的第十九届国际卫生沙龙暨第四届非洲卫生论坛开幕式，并进行了医疗产品展示。4月17日，中国驻摩洛哥大使夫人赵江平参赞在使馆举办中医推拿文化沙龙。摩政府首脑夫人、妇联执行主席、前家庭大臣、外交部亚太司司长夫人、亚洲驻摩使节夫人等30多人出席。此次活动有助于进一步在摩推广中医文化。

2. 旅游、文化和教育领域的交往

在旅游方面，自从2016年摩洛哥王国对中国公民实施免签以来，赴摩洛哥旅游的中国游客大幅增长，从免签之前的每年不足2万人次增长到2017年的约11.8万人次，2018年更是达到约18万人次。摩洛哥还希望能开通与中国的直航线路，以便吸引更多的中国游客。

为进一步加强两国的旅游合作，2018年2月1日，世界旅游城市联合会、摩洛哥国家旅游局、卡萨布兰卡市共同在摩洛哥卡萨布兰卡举行了"中国—摩洛哥旅游城市合作论坛"。中摩两国的官方代表和旅游业及媒体代表等百余人参加了论坛。本次论坛的主题为"一带一路"与中摩旅游合作，活动包括主旨演讲、旅游交易会、旅游业务培训等。论坛的开展有利于进一步深化两国包括旅游业在内的各领域务实合作。

在文化交流方面，中摩两国分别组织各种文化活动来加强两国文化的互动和相互了解。从2018年2月9日开始，中国在摩洛哥的驻外机构和中国各地的文化团体共同在拉巴特、卡萨布兰卡等城市举行了2018年摩洛哥"欢乐春节"系列活动。内容包括北京现代舞团演出、"欢乐春节"庙会、广场巡游嘉年华、全球图片展、湖湘风华·湖南书画展等。活动期间，摩洛哥旅游大臣等诸多政要及各界友好人士、各国驻摩使节及外交官、华侨华人、留学生、中资企业代表和当地民众参加了活动。此次活动有利于摩洛哥人更多地了解中国的春节文化和中华文化，进一步加强两国人民的了解和文化交流。"欢乐春节"活动是自2010年春节开始，由中国文化部会同国家相关部委、各地文化团体和驻外机构在海外共同推出的大型文化交流活动。其目的是与各国人民共度农历春节、共享中华文化、共建和谐世界。

除了"欢乐春节"系列活动外，为了增进摩洛哥人对中国文化的了解，四川省人民政府同中国驻摩洛哥使馆和摩洛哥相关机构在摩洛哥组织了多场文化活动。其一是中国驻摩使馆和四川省联合举办的"'锦绣四川'摩洛哥行"的活动。4月23日晚在中国驻摩使馆多功能厅举办了拉巴特站活动，4 月 25 日晚在丹吉尔市文化中心举行了丹吉尔站活动。活动期间，两国的政、商、文化、新闻等各界人士参加了活动。"锦绣四川"活动是中国地方政府第一次走出国门举办系列对外推介活动，可以为两国搭建增进了解、深入对接的交流平台，共商发展战略，同享发展成果。其二是 10 月 24 日四川省同摩洛哥拉巴特 – 萨累 – 肯尼特拉大区共同举办的"第二届中外历史文化名城对话会"。这些活动的开展有利于从地方交流合作层面带动两国关系进一步发展。

11 月 14 日，国际儒学联合会和穆罕默德五世大学在拉巴特共同举办了"国际儒学论坛—拉巴特国际学术研讨会"。国际儒学联合会会长滕文生、摩洛哥穆罕默德五世大学校长贝尔哈吉、议会顾问委员会主席班西马斯等与会。双方通过研讨会的形式就"开放""包容""文化多样性""跨文化交流"等议题展开了深入讨论，达成广泛共识，希望两国能够在相互尊重和平等互利的基础上继续互学互鉴，携手努力，共同推进"一带一路"建设和构建"人类命运共同体"。

此外，中国的驻外官员还出席了在摩洛哥举行的一些文化活动。6 月 12 日，中国驻摩洛哥大使李立出席了法国作家皮埃尔·毕卡尔（Pierre Picquart）《丝绸之路的复兴》一书在摩的发布会。该书介绍了丝绸之路的历史和中国"一带一路"倡议的时代意义，有助于摩各界更好地了解"一带一路"倡议，拉近中摩两国关系，密切两国合作。[①] 2018 年 7 月 7 日，中国驻摩洛哥大使夫人赵江平

---

① 《驻摩洛哥大使李立出席〈丝绸之路的复兴〉一书在摩发布会》，中国驻摩洛哥王国大使馆网站，http://ma.china-embassy.org/chn/xwdts/t1569041.htm。

参赞应邀出席了第 15 届摩洛哥国际故事节开幕式。本届故事节以"森林的语言"为主题，邀请中国担任主宾国，近 30 多个国家代表团参加艺术节各场演出和研讨会。在开幕式上，中国丝绸之路生态文化万里行艺术团、驻摩使馆阳光课堂学生以及摩洛哥、印度尼西亚、南非等国的艺术家们奉上了各具民族特色的精彩演出，有利于进一步推动中摩之间和世界各国之间的文化交流。

此外，摩洛哥的一些人士也参加了在中国举办的文化活动。8 月 21 日，在北京举行的第十二届中华图书特殊贡献奖颁奖仪式上，摩洛哥作家法塔拉·瓦拉卢和其他 14 人共同获得了"中华图书特殊贡献奖"。作为中国出版业面向海外的最高奖项，设立于 2005 年的中华图书特殊贡献奖主要授予在海外介绍中国、推广中华文化和中国出版物等方面做出突出贡献的外籍及外裔作家、翻译家和出版家。法塔拉·瓦拉卢的获奖，是对其在两国文化交流方面所做贡献的肯定。8 月 22～26 日，摩洛哥王国作为主宾国参加了第二十五届北京国际图书博览会（BIBF）暨第十六届北京国际图书节。摩洛哥主宾国展台总面积为 150 平方米，摩文化与新闻部大臣穆罕默德·拉哈吉率领 13 家文化出版单位及部分作家参加了图书节，并举行了系列主宾国文化交流活动，如"'一带一路'背景下的摩中关系""摩洛哥文化和文学""文学与翻译"等讲座。这些活动有利于加强两国的相互认知和文化对话，促进中摩两国出版界的交流合作和两国间的文化交流。

与此同时，两国在教育和科学研究方面的合作稳步推进。2 月 28 日，驻摩洛哥大使李立拜会摩洛哥高教大臣阿姆扎吉，就加强两国教育培训等合作交换了意见。阿姆扎吉高度评价了高性能计算机中心等两国教育合作项目，希望同中方在普及乡村地区教育、青年职业培训等方面进一步加强经验交流，让双边合作成果更大范围惠及双方人民。9月25日，李立大使出席中国援摩洛哥东阿特拉斯山地球化学填图技术合作项目交接仪式。李大使与摩能源、矿产与可持续发展大臣阿齐兹·拉巴赫分别致辞并签署了项目交接证书，听取了摩方官员对项目成果的介绍，还接受了当地媒体采访。这有利于进一步推动两国在矿产研究和地球化学领域等多方面的合作。

3. 慈善和公益事业的交流

两国开展的系列活动促进了慈善、公益事业方面的交流。例如，5月24日，中国驻摩洛哥使馆向摩洛哥皇家残疾人运动联合会捐赠竞速轮椅和篮球轮椅，用以支持摩洛哥残疾人体育事业。[1]5月29日，中国驻摩洛哥使馆联合阿巴布基金会在使馆举行斋月慈善捐助活动，向困难家庭代表和当地200个困难家庭分发斋月必备食品。12月15日，驻摩洛哥大使夫人赵江平参赞率使馆妇女小组和阳光课堂学生参加了由驻摩外交使团主办的2018年慈善义卖活动。此次义卖的全部收入都用于资助社会项目。这不仅把中国的产品带到了义卖现场，更把中国的人文精神、历史底蕴、文化风韵传播给了当地民众。12月18日晚，驻摩洛哥使馆与摩洛哥外交基金会共同举办2018年度外交慈善晚宴。拉拉·哈斯娜公主和摩政要、驻摩使节，以及中摩双方商界、文化界等各界代表近500人出

---

① 《中国驻摩洛哥使馆向摩皇家残疾人运动联合会捐赠运动轮椅》，中国驻摩洛哥王国大使馆网站，http://ma. china-embassy. org/chn/xwdts/t1562620. htm。

席。此次活动募集的善款将用于资助摩教育、卫生、妇女培训等项目。这些活动的开展不仅体现了中国人民对摩洛哥人民深厚的人文关怀和友好感情，也有利于进一步推动两国的慈善事业合作。

中国驻摩洛哥大使李立及夫人赵江平参赞十分重视同摩洛哥在民生和公益事业方面的交流。9月18日，李立大使会见了穆罕默德五世基金会协调员阿扎米，就加强社会民生领域交流与合作交换了意见，并共同签署了关于民生合作项目的协议。10月17日，赵江平参赞会见摩首相夫人萨古尔女士及其创办的安曼中心理事会全体成员。该理事会自成立以来，一直致力于帮助摩青少年预防和远离毒品、回归正常学校生活并重塑自信。赵江平参赞同萨古尔女士就关爱和促进青年发展、双边人文交流等交换了意见，并签署了有关项目合作协议。

总体来看，2018年，中摩战略伙伴关系在政治、经贸、军事和人文等领域的交往进一步走向深入。政治方面，两国不仅在中阿合作论坛和中非合作论坛等多边框架下实现高层互访、地方政府合作，而且在政党间、司法立法等方面开展了双边交流和多层互动。经贸方面，两国的双边贸易额持续增长，中国对摩投资、金融合作取得新突破，经贸平台活动和经贸洽谈沟通频繁，有力地助推两国的经贸合作与交往。军事方面，开展多种形式的访问和交流活动。人文方面，医疗卫生领域的合作持续推进，旅游、文化和教育领域的交流不断发展，并形成了良好的制度机制，慈善和公益事业的交流也取得显著成效。总之，两国在交往机制建设方面取得成效，在交往的广度、深度方面持续深化，助推两国战略伙伴关系向更高层次发展。

第九章

叙利亚局势分析

2018 年是叙利亚危机爆发以来的第八年。对阿萨德政府而言，2018 年虽仍面临诸多内外挑战，但生存压力大幅缓解，战场优势进一步扩大，外交地位有所回升，战后重建提上日程，形势发展涌现出诸多利好因素。尽管仍然存在许多不确定因素，但纵观大的趋势发展，延宕多年的叙危机已进入以"外交斗争为主、军事对抗为辅"的新阶段。

一　博弈之变：美退俄稳态势

自 2015 年 9 月俄罗斯出兵以来，美俄博弈就成为左右叙利亚局势走向的最重要因素，但双方在叙的博弈均不触碰对方底线。2018 年美俄在叙的博弈呈现战略相持局面。就美国而言，特朗普上台后，主动调整奥巴马时期相对被动、消极的叙利亚政策，在战术层面两次主动出击，但在战略层面并未改变从叙利亚乃至整个中东收缩的态势，尤其是 2018 年底特朗普宣布从叙撤军更是证明了这一点。俄罗斯经两年多的猛冲猛打，一边巩固已经取得的成果，一边也开始重新思考规划更长远的未来。普京并未因美宣布撤军而"得寸进尺"，而是更专注于灵活、巧妙地打好"叙利亚牌"，并以叙为平台运筹与中东各大势力的关系。总体看，美俄博弈走向以"美退俄稳"为主基调的态势，发展趋势对阿萨德政府有利。

（一）美对叙利亚政策符合战略收缩总基调

纵观 2018 年以来的叙利亚局势，特朗普政府 4 月的空袭和 12 月宣布撤军可以说最为抢眼，两次事件看似有些矛盾，但总体上符合美对叙政策的一贯逻辑。

第一，理顺美国对叙利亚战略目标次序。奥巴马政府时期，美国战略界就一直批评政府缺乏清晰、明确的叙利亚政策。[①] 特朗普高喊"美国第一"口号，开始有意识扭转美对叙政策的"混乱和模糊"。2017 年底以来，美相继发布《国家安全战略报告》《国防战略报告》等重磅文件，声称恐怖主义已非首要威胁，其战略重心将转向与中俄的大国竞争，并进一步明确从中东战略收缩的总基调。[②] 2018 年 1 月 17 日，时任美国国务卿蒂勒森在斯坦福大学发表美对叙政策演讲，首次清晰阐述了美在叙的战略目标，可将其概括为五点，即反恐、政治解决、清除伊朗影响、解决难民危机、清除

---

① 具体政策批评参见：Shadi Hamid："What is Policy Research For? Reflections on the United States' Failures in Syria," *Middle East Law and Governance 7*（2015），pp. 373 – 386；Shadi Hamid，"Why doesn't Obama seem to listen to Syria experts?," *the Brookings Institution*, February 10, 2016. https：//www. brookings. edu/blog/markaz/2016/02/10/why – doesnt – obama – seem – to – listen – to – syria – experts/，上网时间：2019 年 3 月 8 日。

② United States.（2017）. "The national security strategy of the United States of America." *Washington*：President of the U. S. ；DOD. "The National Defense Strategy Sharpening the American Military's Competitive Edge." *Washington*, January 2018.

大规模杀伤性武器，相当于为 2018 年全年的对叙政策定调。[①]其中，反恐的目标最为具体，就是彻底消灭"伊斯兰国"势力，随着"伊斯兰国"的溃败，反恐也进入收尾阶段；"政治解决"是美国一直以来对叙危机的态度，但内涵已有很大变化，特朗普政府官员曾明确表示"不再追求推翻阿萨德政权的目标"；[②]"解决难民危机"是一个中长期目标，在叙战火未熄状态下自然显得"虚无缥缈"，更多的是为照顾欧洲和地区盟友关切的"场面话"；"清除伊朗影响"需要与美在中东遏制伊朗的整体战略相配合，政策在叙落地尚存在很大难度；"清除大规模杀伤性武器"则主要针对叙政府。尽管存在大量漏洞、瑕疵，但这五点对认识特朗普政府叙利亚政策转变仍有参考意义。

第二，再次以"动用化武"为由对叙政府实施有限惩戒。就在美宣布对叙五大目标不久，2018 年 4 月初，叙战场再次爆发疑似化学武器袭击事件，与 2017 年 4 月的事件如出一辙，事实真相扑朔迷离。特朗普第一时间发推指责叙总统巴沙尔为"畜生"，猛批俄罗斯、伊朗；还取消了自己首访拉美行程，召集国安团队紧急研讨对策，命令军方提供"各类军事选项"，派"杜鲁门号"航母战斗群开赴叙周边海域，拉出"大干一场"的架势。同时，特朗普还煞有介事地与英、法、沙特等盟友密集沟通，誓言将做出"联合、有力的回应"。最终，在叙利亚当地时间 4 月 14 日凌晨，

---

① Rex W. Tillerson, "Remarks on the Way Forward for the United States Regarding Syria," January 17, 2018. https://www.state.gov/secretary/20172018tillerson/remarks/2018/01/277493.htm, 上网时间：2019 年 3 月 7 日。

② "US no longer bids to oust Assad, accepts Iran will have diplomatic role in Syria," *AFP*, 18 December, 2018. https://www.timesofisrael.com/us-doesnt-seek-to-oust-assad-accepts-iran-will-have-diplomatic-role-in-syria/, 上网时间：2019 年 3 月 7 日。

美军联合英、法对叙政府军目标进行"精准打击",共发射 105 枚巡航导弹。但此次对叙空袭仍限于"削弱叙化武能力",并未扩大至叙其他军事目标或政府机构。行动结束后,特朗普发推称,"行动成功、任务完成";英国首相特蕾莎·梅称空袭"并非介入内战,更非为了政权更迭";法国总统马克龙也称空袭是惩罚巴沙尔动用化武,"并没有对叙利亚宣战"。总体来看,特朗普政府 2017 年、2018 年的连续两次对叙"空中干预"都属于战术层面的反应式行动,具有较为浓厚的象征性色彩。特朗普定点空袭既突出了自身比奥巴马行动更果断、更具"道德感",同时也避免使美军地面部队再次陷入中东战争泥潭。

第三,完成反恐收尾,高调宣布撤军。几乎与特朗普下令空袭叙政府军目标的同时,美国就开始考虑结束其在叙的行动。截至 2018 年,美在叙驻军约 2200 人,部署在叙东北部曼比季、幼发拉底河谷等基地内,主要任务为协调叙库尔德武装"民主军"配合美打击"伊斯兰国"的反恐行动,同时遏制"俄罗斯—伊朗—叙利亚政府军"联盟。早在 2017 年底"伊斯兰国"主力溃败后,特朗普称美已经失去"在叙驻军的唯一理由",直言"不当中东警察"。2018 年 4 月,特朗普再次公开表示美国将"迅速走出叙利亚"。但美军方、中东盟友反复"劝阻",因此特朗普同意给五角大楼和国务院六个月期限。[1]此后,美军的主要任务是聚焦训练、整编库尔德武装,并继

---

[1] Karen DeYoung and Shane Harris, "Trump instructs military to begin planning for withdrawal from Syria," *The Washington Post*, April 4, 2018. https://www.washingtonpost.com/world/national – security/trump – instructs – military – to – begin – planning – for – withdrawal – from – syria/ 2018/04/04/1039f420 – 3811 – 11e8 – 8fd2 – 49fe3c675a89 _ story. html? utm _ term = . bbdba597e036, 上网时间: 2019 年 3 月 10 日。

续打击躲藏在叙东南部偏远沙漠地区的"伊斯兰国"残余势力。12月19日，特朗普在军方仍普遍反对的情况下，突然宣布将从叙利亚迅速、全面撤军。此举引发美政坛震荡，美防长马蒂斯、打击"伊斯兰国"特使麦格克相继辞职。共和党在此问题上呈现分裂态势，特朗普的"政治盟友"、共和党议员格雷厄姆也批评特朗普"犯了与奥巴马一样的错误"，还组织6名参议员联名写信反对撤军。众议院少数党党鞭、民主党议员霍耶则称特朗普的决定是"冲动，不负责任和危险的"。几经周折，特朗普最终同意将留下400名美军特种部队人员长期驻扎在叙利亚，其中200名在东北部与库尔德武装一道驻防，另200名在东南部叙利亚约旦边境的坦夫基地驻扎。

第四，拉拢西方、中东盟友，谋求长远"减负"。为防止"伊斯兰国"反扑，特朗普考虑拉拢英、法、澳、新、加等西方国家盟友以及沙特、约旦等中东盟友共同分担责任，这也成为特朗普对叙利亚的"长远打算"。其中，由于英、法在叙已有数百名驻军，特朗普要求其继续保持此规模，与剩下的美军400人组成多国联盟，让多国部队总数保持在800～1500人。① 还有部分美国中东战略人士建议美政府应让加拿大、澳大利亚、新西兰也"出把力"，以防欧洲国家因忌惮土耳其而畏首畏尾。② 此外，特朗普还经由社交媒体向欧洲国家喊话，要求对方"领回"并审理超过800名赴叙利亚加入极

---

① Laura Rozen, "US struggles to get European troops for Syria," *Al - Monitor*, March 6, 2019, https://www.al - monitor.com/pulse/originals/2019/03/us - struggle - european - troops - syria.html#ixzz5hZJ74c8x, 上网时间：2019年3月10日。

② Lt. Col. August Pfluger, USAF and Michael Knights, "Options for a Lighter U.S. Footprint in Syria," *The Washington Institute for Near East Policy*, February 22, 2019. https://www.washingtoninstitute.org/policy - analysis/view/options - for - a - lighter - u.s. - footprint - in - syria, 上网时间：2019年3月10日。

端主义组织"伊斯兰国"的欧洲人。他说："美国已经为打击该组织做了太多努力并付出太多代价，现在是欧洲国家开始承担应有责任的时候了。"① 美国务院此前曾发表声明称，以美国为首的国际联盟和叙库尔德武装主导的"叙利亚民主军"在打击"伊斯兰国"的过程中，共拘捕来自全球几十个国家的数百名"恐怖主义武装分子"。鉴于此，美国将进一步说服欧洲加大对叙利亚的投入。此外，特朗普政府有意给予以色列等地区盟友一些"甜头"，以此换取其帮助美共同遏制伊朗在叙影响，其"慷慨"程度出乎预期。3 月 25 日，特朗普在白宫会见以色列总理内塔尼亚胡后，签署了一项行政命令，正式承认以色列对戈兰高地的主权，引发轩然大波。4 月 8 日，特朗普又高调宣布将伊朗伊斯兰革命卫队列入美国务院"外国恐怖组织"名单，这些均被外界解读为给内塔尼亚胡谋求连任总理的"竞选礼物"，也是给所有以色列人的"超级恩惠"。② "天下没有免费的午餐"，特朗普这些看似"疯狂"之举恰恰证明，美期待以色列在战略上"投桃报李"，在叙问题上更努力地替美卖命。

（二）俄罗斯加大叙利亚战果的转换力度，维护中东战略利益稳定

俄经过近三年的入叙作战以及在中东的运筹，已获得相当可观

---

① "IS 'caliphate' on brink of defeat in Syria as Trump urges Europe to do more," *Reuters*, February 16, 2019. https：//www. reuters. com/article/us－mideast－crisis－islamicstate/is－caliphate－on－brink－of－defeat－in－syria－as－trump－urges－europe－to－do－more－idUSKCN1Q5064, 上网时间：2019 年 3 月 7 日。

② Meir Javedanfar, "IRGC terror designation：Trump's election gift to Netanyahu," *Al Monitor*, April 12, 2019. https：//www. al－monitor. com/pulse/originals/2019/04/trump－netanyahu－israel－election－gift－irgc－iran. html#ixzz5lMXRyJbOm, 上网时间：2019 年 4 月 15 日。

的战略优势，与美国构成南北对峙之势，俨然成为再次"崛起的中东玩家"①。但俄总体力不从心，2018 年，普京更注重对叙利亚战果的"转换"，以维护俄在叙长远利益。

第一，重新规划对叙长远政策。自 2015 年 9 月 30 日俄军入叙作战以来，俄取得一系列战略果实：2018 年恐怖组织大部分溃败，反对派的败局已定，叙利亚战乱接近尾声。在叙利亚问题上如何平衡与美国、地区强国的关系成为俄罗斯政策制定者 2018 年更多讨论的问题。俄罗斯内部对叙利亚政策大体存在两种看法：一是苏联式的干预主义者，二是保守的孤立主义者。前者希望俄罗斯能重振苏联时代那种雄风，在包括叙利亚在内的中东各地区有更大发言权，为此不惜在军事上、经济上付出更大的代价；后者则强调"俄罗斯第一"，认为对外干预应考虑俄自身的经济状况、安全局势和能源出口利益，担心俄重蹈苏联过度扩张的覆辙。②实际上很多俄罗斯政坛精英对俄长期停留在战乱地区持怀疑态度，因此2018 年俄对叙战略是"稳"字当头。

第二，对美保持战略克制，伺机寻找交易空间。如上文所述，美对叙政策总体基调以退为主，尽管与俄曾经在叙发生摩擦，但并不超越底线。对俄而言，其与美在叙博弈已获优势，手中已握有足够多的筹码，重在寻机与美在全球棋局上进行交易。因此，2018

---

① Liz Sly, "In the Middle East, Russia is back," *The Washington Post*, December 5, 2018. https：//www. washingtonpost. com/world/in－the－middle－east－russia－is－back/2018/12/04/e899df30－aaf1－11e8－9a7d－cd30504ff902_ story. html? utm_ term＝. ead13ddc35b8，上网时间：2019 年 3 月 9 日。

② Dmitriy Frolovskiy, "How Russia's domestic divisions could foil its Middle East plans," *Al Jazeera*, Feb 20, 2019. https：//www. aljazeera. com/indepth/opinion/russia－domestic－divisions－foil－middle－east－plans－190220084701232. html#，上网时间：2019 年 3 月 9 日。

年俄对美的战略克制表现得淋漓尽致。首先，对美空袭保持冷静和克制。美英法联军4月空袭叙期间，俄虽口头上坚决反对，也威胁要拦截美军导弹，但并未采取任何行动。其次，对雇佣军遭袭忍气吞声。据《纽约时报》爆料，俄雇佣兵在代尔祖尔的一次美军空袭中遭受毁灭性打击，至少100多名俄籍准军事人员丧生。2018年4月，美国务卿蓬佩奥证实"有几百名俄罗斯人早些时候在叙被美军消灭"①。但俄官方坚称这些武装人员与俄军无关，明显带有息事宁人的意味。再次，2018年8月俄叙联军将反对派围困在伊德利卜一隅并摆出发动总攻架势，引发美国强烈担忧，但最后时刻俄选择与土耳其达成临时妥协方案，放弃了志在必得的攻势。最后，俄对年末特朗普宣布从叙撤军表示支持，但并不打算"乘虚而入"，也未支持叙政府军有所"动作"，对叙东北部的库尔德武装地盘仍以观望为主。

第三，帮助阿萨德政府收复更多失地，最大限度削弱反对派实力。2018年，俄军事上继续配合叙政府军行动，对叙反对派控制区进行挤压。从2018年3月以来，俄叙联军陆续收复中部的霍姆斯、首都大马士革附近的东古塔以及南部的德拉这三个原来的"冲突降级区"，数以千计来自上述地区的反对派武装成员和一些平民被转运到伊德利卜。8月中旬以来，俄叙方面开始加速调兵遣将，加大了对伊德利卜周边的包围，摆出"最后一战"的态势。但全面进攻伊德利卜的弊端也十分突出：一是军事成本高昂；二是

①　"How a 4 - Hour Battle Between Russian Mercenaries and U. S. Commandos Unfolded in Syria," *The New York Times*, May 24, 2018.

可能引发美国干预；三是可能会导致与土耳其撕破脸皮。最终，9月17日，普京与埃尔多安在索契达成协议，建立了伊德利卜"非军事区"，实现"软着陆"。截至2019年3月，叙战场主要分为三大区域：一是政府军控制的西部大部分领土，占叙国土面积60%以上；二是美国支持的库尔德武装控制的东北部地区，占约30%的面积；三是反对派武装盘踞的伊德利卜省。

第四，以叙利亚为平台，与中东地区强国巩固关系。俄在2018年继续以叙利亚为平台，运筹与中东地区强国的关系，特别是与土耳其、伊朗、以色列、沙特等国的关系。实际上，2018年随着战事临近尾声，俄土龃龉不断，特别是在伊德利卜问题上，但最终双方化干戈为玉帛。土耳其1月20日对阿夫林地区发起代号为"橄榄枝"的军事行动，打击库尔德武装"人民保护部队"。俄外长拉夫罗夫呼吁土将阿夫林地区控制权还给叙政府，引发土不满。埃尔多安称："等到时机成熟，我们会亲自把阿夫林交还给阿夫林人民……不劳烦拉夫罗夫先生。"① 4月，当美英法对叙政府目标发动空袭时，土并未站在俄一边反对空袭，仅呼吁"保持克制"。9月，俄土又因伊德利卜局势出现矛盾，最终还是俄展现了更大的灵活性。②对以色列，俄的容忍度甚至更高。以色列强烈反对伊朗在叙建立"前哨阵地"，2017年以来，以对叙境内的真主党

---

① "Erdogan says approach of Russia's Lavrov to Syria's Afrin very wrong," *Reuters*, April 10, 2018. https://www.reuters.com/article/us-mideast-crisis-syria-turkey-erdogan/erdogan-says-approach-of-russias-lavrov-to-syrias-afrin-very-wrong-idUSKBN1HH1GQ, 上网时间：2019年3月9日。

② "Turkey and Russia hold joint patrols in Syria's Idlib," *Al Aljazeera*, 8 Mar 2019. https://www.aljazeera.com/news/2019/03/turkey-russia-hold-joint-patrols-syria-idlib-190308113441646.html, 上网时间：2019年3月15日。

和伊朗目标发动了 200 多次空袭，俄对大部分空袭都视而不见。2018 年 9 月，以色列空军在一次对叙空袭中用俄军机当"盾牌"，导致俄侦察机被叙防空导弹击落，15 名俄军官兵死亡。尽管如此，俄对以色列仍保持高度克制，仅向叙政府军提供了 S - 300 防空导弹作为报复。2019 年 2 月，普京还接待了来访的以色列总理内塔尼亚胡，明确表示愿意与以在叙问题上合作。

二　秩序之争：中东诸强布局战后安排

纵观 2018 年，随着美俄博弈的变化，伊朗、土耳其、以色列、沙特等地区强国也纷纷调整在叙利亚问题上的战略重点。伊朗稳扎稳打、攻守兼备，在巩固战略利益前提下着眼长远，避免不必要的损失与无限消耗；土耳其缓和与阿萨德的敌对关系，聚焦建立"安全区"，遏制库尔德武装的扩张；以色列虽然保持对伊朗强硬路线，但也因过激行动招致不少风险，被迫有所收敛；阿拉伯多国则主动改善与阿萨德的关系，沙特的对叙政策也向更现实的方向变化。地区势力围绕叙利亚的秩序之争仍在继续，但总体看，阿萨德政府在中东运筹的空间不断扩大，正式重返阿拉伯联盟的前景渐趋明朗。

（一）伊朗对叙政策攻守兼备，力争实现利益最大化

一方面，伊朗视叙利亚为巩固"什叶派新月地带"的关键。自 2003 年美军入侵伊拉克、推翻萨达姆政权以来，伊朗一直试图构建一个从阿富汗西部到地中海的"什叶派新月带"。2011 年，美

国从伊拉克撤军使伊朗实现这一目标成为可能。但 2011 年叙利亚的内乱让伊朗深感不安，于是开始逐渐加大对叙战局的介入力度。八年来，伊朗在维护阿萨德政府的生存中发挥了核心作用，向叙利亚战场派遣了军事顾问和志愿人员，并指挥、资助来自阿富汗和巴基斯坦等地区的什叶派民兵，以及黎巴嫩真主党士兵在叙参战。伊朗介入叙利亚战争的总花费并未公开，但根据不同的数据源，其规模可能达每年至少 60 亿美元。①这笔款项对于一个内有重重困难、外有美国制裁的国家而言相当可观。2014 年，"伊斯兰国"崛起，叙利亚东部、伊拉克西部的大片领土沦陷，"德黑兰—大马士革—贝鲁特"陆路走廊被切断。虽然伊朗与美国矛盾尖锐，但对于美国打击"伊斯兰国"的行动是支持的，并积极参与了伊拉克政府的军事行动。2018 年，随着"伊斯兰国"破败，特别是年底特朗普宣布从叙撤军后，伊朗又在积极谋划确保这条重要陆地走廊的通畅。2019 年 3 月 18 日，伊朗伊斯兰革命卫队总参谋长与伊拉克、叙利亚军队总参谋长在大马士革会晤，探讨重开叙利亚、伊拉克边界并确保其安全的可能性。2019 年伊朗还将与土耳其共同对库尔德武装实施"联合行动"，虽尚未披露细节，但很可能将是在相关地区的联合巡逻。②

另一方面，随着叙利亚战事接近尾声，伊朗决策层越来越意识到，和平的降临也许会让很多被战争掩盖的矛盾暴露出来。首先，2019 年 2 月阿萨德专程访问伊朗，这既是对此前伊朗支持的感谢，

① Carla Humud, Christopher Blanchard, Jeremy Sharp, Jim Zanotti, "Iranian assistance to groups in Yemen, Iraq, Syria, and the Palestinian Territories," *Congressional Research Service*, July 31, 2015.

② "Turkey, Iran to stage joint raid against Kurd rebels," *The Arab News*, March 06, 2019, http：//www. arabnews. com/node/1462391/middle - east，上网时间：2019 年 3 月 12 日。

也暗含开启两国关系新阶段的意义。阿萨德政府虽然对伊朗的支持心怀感恩，但两国在政权结构、意识形态、民族属性上差异很大，叙并不希望成为伊朗的一部分。事实上，伊朗在介入叙利亚战乱的八年中逐渐改变了叙利亚宗教氛围，伊朗民兵组织在叙政府军占领区向流离失所的叙平民发放救济，还修建了什叶派清真寺。有报道称，叙利亚的部分社区在伊朗的影响下宗教气氛浓厚，一些叙利亚人在加入伊朗支持的什叶派民兵组织后思想更加"宗教化"。[1]这些都与阿萨德政府长期坚持的世俗主义治国理念大相径庭。其次，随着叙战事进入尾声，伊朗与俄关系也变得更加微妙。部分学者认为，俄罗斯更希望阿萨德政府有更强的"造血"能力，减少对俄在军事、经济上的依赖；而伊朗则希望阿萨德政府成为伊朗领导的"什叶派抵抗轴心"的一环。[2]最后，随着叙战事临近尾声，伊朗政府也面临着国内要求从叙撤军的压力，在特朗普对伊朗制裁不断加码的背景下，伊朗国内经济形势严峻，很多伊朗人认为不应该再继续为叙利亚牺牲、流血和花钱。上述新情况都预示着伊朗在对叙政策上将会有新调整。

（二）土耳其转变对阿萨德敌视态度，聚焦建立"安全区"

一方面，俄伊叙联盟乘胜追击，将土支持的叙反对派纷纷驱赶

---

① Vivian Yee, "Syria Faces Brittle Future, Dominated by Russia and Iran," *The New York Times*, Dec. 26, 2018. https://www.nytimes.com/2018/12/26/world/middleeast/syria - future.html, 上网时间：2019 年 3 月 9 日。

② Sina Azodi and Arman Mahmoudian, "Iran's Alliance With Russia in Syria: Marriage of Convenience or Strategic Partnership?," *The Atlantic Council*, September 19, 2018. https://www.atlanticcouncil.org/blogs/iransource/iran - s - alliance - with - russia - in - syria - marriage - of - convenience - or - strategic - partnership. 上网时间：2019 年 3 月 12 日。

至伊德利卜，同时还加剧了土国内的难民压力；另一方面，土耳其与美国在有关叙利亚库尔德人问题上的矛盾始终未解。在此背景下，土总统埃尔多安软硬兼施。其硬的一手是"快刀斩乱麻"。2018年初，土再次发动对叙库尔德人的大规模空袭行动，摧毁库尔德武装在叙东北部的基地，并扬言将进军叙库区。年底特朗普突然宣布从叙撤军后，土耳其立即表示欢迎，并宣布将"推迟入叙作战"时间，以便与美沟通。其软的一手是继续与俄、伊朗配合，继续推动阿斯塔纳进程。包括埃尔多安本人、外长和防长在内的高官年内频繁访俄，就叙利亚战后秩序密切磋商。同时，土耳其不断软化对阿萨德政府的立场，总理恰武什奥卢于2018年12月说，如果阿萨德能够赢得"民主选举"，土方愿意考虑与他合作。

土耳其2018年对叙政策的核心是建立"安全区"。土耳其在叙利亚北部建立所谓"安全区""缓冲区""隔离带"的想法最早产生于2014年。特朗普宣布从叙撤军后，土耳其建立安全区的想法突然变得更加迫切起来。为了实现此目的，土耳其在土叙边境地区集结重兵（1.6万名土军官兵和1万多亲土叙反对派武装人员）。对土来说"安全区"有多个好处：其一，土可利用安全区挤压叙库尔德人，将其驱离边境地带；其二，土可在安全区内建立依附土的临时政府和地区安全部队，加大对叙利亚的影响力；其三，土还能利用安全区安置目前在土的300多万叙难民，极大缓解国内经济、社会、安全压力。但土耳其的"如意算盘"也面临着巨大的阻力。很显然，土单方面建立安全区既不符合俄罗斯、伊朗和叙利亚的利益，也与美国的利益尖锐对立。美国总统特朗普已警告土耳其，称如果美国扶持的库尔德武装遭到土军袭击，美将

"摧毁"土耳其的经济。①阿萨德政府也始终坚持要收复叙100%的领土，将土此举视为对其主权和领土完整的粗暴侵犯。同时，叙利亚北部的人口构成也不利于土的政策。根据法国叙利亚问题专家巴郎什（Fabrice Balanche）研究，在土耳其计划建立的30多公里宽的"安全区"内，大约有65万库尔德人（占比76%）、18万逊尼派阿拉伯人（占比21%）、1万土库曼族人（占比1%）、1万基督徒（占比1%）。②显然，如果土耳其强行将在其境内的300多万叙利亚难民"转移"至安全区内，必将招致库尔德人的强烈反对。目前，对于叙库尔德人而言，如果让他们在土、叙政府之间选择，他们将毫不犹豫地投奔叙政府。因此，土耳其"安全区"构想的不确定性极大。

（三）以色列将保持强硬路线，但会注意避免过激行为

以色列对叙政策近两年有明显变化。从2011年叙利亚危机爆发以来，以色列的对叙政策总体上保持中立。阿萨德政府陷入内战使得以色列失去了一个老对手，传统战争威胁大幅下降。2017年7月，以色列当时的国防部部长利伯曼曾高度精练地概括了以色列对叙态度，他认为："叙利亚反对派不是我们的朋友，他们是'基地'组织的不同版本；但阿萨德掌权也不符合我们的安全利益，

---

① BBC News："Trump threatens to'devastate'Turkish economy over Syrian Kurds，"14 January 2019. https：//www.bbc.com/news/world－middle－east－46859164，上网时间：2019年3月7日。

② Fabrice Balanche，"Sectarianism in Syria's Civil War：a Geopolitical Study，"*The Washington Institute for Near East Policy*，February 2018.

因为只要他在台上，伊朗和真主党就会留在叙利亚。"①但随着阿萨德政府越来越站稳脚跟，伊朗势力在叙利亚"风生水起"，以色列的战略焦虑激增。对此，以色列选择直接在叙利亚进行空袭打击，针对的就是伊朗革命卫队、什叶派民兵、真主党等目标。2018 年 9 月，以国防军罕见承认，在过去的十八个月内对叙利亚发动了 202 次空袭，消耗了 800 多枚导弹。② 上文提到，2018 年 9 月，以色列战机对叙利亚发动空袭期间用一架俄罗斯侦察机作为掩护，导致俄战机被叙利亚政府军的防空系统错误击落。这一事件导致俄以在叙的军事协调受到严重冲击。据称以总理内塔尼亚胡试图面见普京"解释"此事，但遭拒绝。以色列军方敢于对叙进行肆无忌惮的空袭，一方面源于其对自身军事能力的极度自信；另一方面也源于特朗普上台后美以关系的大幅改善。

但好景不长，2018 年 12 月，特朗普突然宣布从叙撤军，这让以色列极感焦虑，内塔尼亚胡紧急致电特朗普要求其"收回成命"，但于事无补。尽管如此，内塔尼亚胡仍坚称以将"继续反对伊朗在叙的存在"，必要时"甚至会扩大行动"。也许是为了展示其"没有美国也敢干"的勇气，以色列在 12 月 25 日圣诞节当天再次空袭叙利亚境内目标。但可以预见，在美国撤军的大背景下，以色列在叙上空将很难像以前那样"为所欲为"。鉴于"美退俄稳"的大背景，以色列要想让伊朗势力远离戈兰高地、远离叙以边境，

---

① "Israeli Defense Minister To Syria: 'Don't Test Us'," *The Jerusalem Post*, 2 July 2017.

② "Israel confirms 200 strikes in Syria in 18 months," *AFP*, September 5, 2018. https：//news. yahoo. com/israel－confirms－200－strikes－syria－18－months－164131599. html，上网时间：2019 年 3 月 9 日。

只能指望俄罗斯对伊朗施加影响。因此，尽管未来以色列对叙政策表面上仍大概率保持强势，但其一定会更注意分寸，避免类似 9 月的"误伤"事件再次发生。

（四）阿拉伯国家将尝试让阿萨德回归"阿拉伯大家庭"

中东地区逊尼派阿拉伯国家正在加速调整对叙利亚的政策。阿拉伯联盟曾于 2011 年将叙政府"开除"，但叙利亚局势发展显示，其此前支持叙反对派的政策已经失败，推翻阿萨德政府的目标已然成为泡影。阿拉伯世界曾经的"老大哥"埃及首先对阿萨德政府伸出橄榄枝。2018 年 12 月，埃及接待了叙利亚政府安全顾问阿里·马穆鲁克，并考虑向叙派遣劳工参与叙重建。接着，2018 年 12 月 16 日，苏丹总统巴希尔突访叙利亚，成为自 2011 年叙危机爆发以来首位访叙的阿拉伯国家领导人。邻国约旦亦于 2018 年下半年重开对叙边境口岸，尝试实现对叙关系正常化。这些都折射出阿拉伯世界对叙态度的微妙变化。尤其是在特朗普于 2018 年 12 月宣布撤军后，阿拉伯国家调整对叙政策的步伐更快了。阿联酋驻叙利亚使馆重新开馆，巴林、科威特据称也在考虑重开使馆。另据地区消息透露，大多数阿拉伯国家正在考虑恢复叙利亚在阿盟的合法席位，让叙利亚重回"阿拉伯大家庭"。这些都预示着阿盟正式恢复阿萨德政府合法席位的日期将不再遥远。

目前，较为值得关注的是沙特的态度。自叙利亚危机以来，沙特一直是支持叙反对派推翻阿萨德的"急先锋"，曾寄希望在叙利亚"折断伊朗的臂膀"。2017 年，当叙反对派在战场上展露出颓势，美国、土耳其等纷纷降低或终止对叙反对派支持时，沙特仍不甘心，继续对叙反对派提供政治、军事支持。叙反对派的政治组织

"最高谈判委员会"、军事组织"伊斯兰军"都把沙特当成"总后台"。但 2018 年沙特在中东外交处境艰难，在也门被迫与伊朗支持的胡塞武装妥协讲和，又因卡舒吉事件被土耳其搞得焦头烂额，拼命说服特朗普留在叙利亚制衡伊朗和土耳其的努力也未果。有分析认为，沙特虽然表面上对阿萨德政府的态度没有松口，但随着阿联酋、巴林、科威特等海湾"小兄弟"纷纷调整政策，沙特未来可能也不得不考虑承认现实，转而利用与阿萨德接触的方式遏制伊朗。

三 机会之窗：阿萨德政府面临新考验

综合上述分析，随着叙利亚内外环境的相对改观，内战的动荡逐渐降温，经济重建提上日程，阿萨德政府有可能迎来止乱回稳的机遇期，甚至有机会在地区发挥更大作用。但必须清醒地看到，叙利亚被长达八年的内战折磨得疲惫不堪，国内稳定仍将是政府和军队的主要关切。多位学者认为即使是在最理想的状态下，叙利亚在未来 10～20 年都难以恢复到 2011 年内战前的水平。[①]以下根据 2018 年叙内外形势发展，分析阿萨德政府在巩固主权、战后重建、重返国际社会等方面的有利因素与不利因素。

（一）有利因素

第一，外部势力相互博弈的整体趋势对阿萨德有利。综合上文

---

① Jomana Qaddour, "Assad Needs the United States and Its Allies for Reconstruction," *The Washington Institute for Near East Policy Policywatch 3087*, February 28, 2019. https：// www. washingtoninstitute. org/policy – analysis/view/assad – needs – the – united – states – and – its – allies – for – reconstruction，上网时间：2019 年 2 月 6 日。

所述，2018 年以来，"美退俄稳"成为涉叙外部势力博弈的总基调。一方面，美俄双方都没有放弃打"叙利亚牌"，叙利亚政策在美俄各自的内部政治讨论中仍然占据相当重要的地位。美国对叙战术层面敢于行动，战略层面继续收缩；俄罗斯则稳扎稳打，伺机而动。另一方面，美俄在叙利亚问题上都给对方留有相当大的余地，保持着互相让步的空间，对阿萨德政府而言，最大的盟友俄罗斯并未削减对其的支持，而最大敌人美国则在减少投入，毫无疑问这对其政权存续更加有利。在地区政治层面，伊朗、土耳其、以色列、沙特等地区强国也都对叙利亚政策进行了相应调整，阿萨德政府的处境继续向好。

第二，叙战后族群对比情况更有利于阿萨德政府。据 2011 年叙危机爆发前统计，叙利亚人口总数约 2200 万，信仰伊斯兰教的穆斯林占总人口的 90%，基督徒占总人口的 10%，另有极少数犹太教徒。在穆斯林人群中，逊尼派占总人口的 74%，什叶派占13%，德鲁兹人占 3%。什叶派中又分为阿拉维派、十二伊玛目派和伊斯玛仪派等，其中阿拉维派人口占绝对优势。自 20 世纪 70 年代阿萨德家族当权以来，阿拉维派逐渐成为叙利亚的统治阶层，成为政治、经济、军事、文化等各个领域的精英。但与此同时，阿萨德家族要求阿拉维派在宗教上加强与逊尼派的融合，反对凸显其什叶派属性，以免给外界造成"少数统治多数"的不良印象；阿萨德父子重视经济上给予逊尼派商人实惠，维护与基督徒、德鲁兹人等少数族群的关系，同时也愿意给予亚美尼亚人、库尔德人等族群一定自治权。2011 年爆发的叙利亚危机为政治、经济、社会层面的总危机，但族群、教派矛盾也很突出，其中逊尼派与阿拉维派的矛盾尤甚。但随着内战接近尾声，叙不同族群教派间的人口对比发生较大变化。截至 2018 年，至少有 560 万叙利亚人沦为难民，逃离至土耳其、黎巴嫩、约旦等周边及欧洲国家，这些人主要是逊尼派穆斯林，由此给叙当前人口构成带来重大改变，阿拉维派人口占比明显上升，基督徒、德鲁兹人、库尔德人的人口比例也相应有所提高。2018 年 4 月，叙政府通过了"业主不在财产法"，规定叙公民有 30 天时间向地方政府部门登记财产，否则其财产可能将被充公。这项立法一旦实施，可能导致流亡在外的叙利亚人失去房产，进而导致大批逊尼派难民可能选择不回国。就目前的族群人口对比看，阿萨德政府的执政基础比战前更加稳固。

第三，脆弱性反而可以转换为阿萨德政府的影响力。叙利亚在经历了惨痛内战后，经济、社会陷入崩溃，但也恰恰是这种脆弱性赋予了阿萨德政府一种特殊的影响力。在难民问题上，由于担心叙利亚的难民潮，叙利亚的邻国土耳其、约旦、黎巴嫩实际上都在与阿萨德政府保持着低调的合作，其中与约旦的边境合作尤其明显。部分欧洲国家（特别是德国）已经被叙利亚难民问题折磨得苦不堪言，德总理默克尔为此面临巨大的政治压力，希望在欧洲的叙利亚难民能够早日返回家园。许多欧洲国家从自身安全角度出发愿意与阿萨德政府合作解决难民问题，甚至有可能以"人道主义"作为理由，向阿萨德政府提供援助以安置难民归国。反过来说，阿萨德政府也可以利用难民作为工具，要求邻国和欧洲国家向其提供必要的政治、经济支持。在反恐问题上，虽然"伊斯兰国"已经溃败，但叙利亚国内仍然有大量恐怖分子蛰伏、隐藏，这些恐怖分子虽然失去了根据地，但意识形态依然极端，甚至有强烈的复仇欲望，有足够意愿回流至欧美发动独狼式恐袭。[①]阿萨德政府在历史上曾经与美、欧有过较为密切的反恐情报合作，随着美国完成撤军，阿萨德政府有可能会在反恐问题上大做文章，吸引美欧支持，以打击"伊斯兰国"的残余势力。

（二）不利因素

第一、库尔德问题不确定性较大。尽管阿萨德在 2018 年控制了国土面积的 2/3 有余，但叙东北部以及幼发拉底河以东仍被美国扶持的库尔德武装叙"民主军"控制。许多媒体和战略家将这一地区称为"有用的叙利亚"：该地区有叙主要的石油和天然气田，主要的水资源、水坝、发电厂及幼发拉底河河谷大片肥沃的农田，这是阿萨德政府战后重建可利用的重要资源。[②]特朗普虽然宣布撤军，但仍会留下少量美军，与英、法等其他西方国家军队组成800～1500 人的多国部队，在叙长期驻防。叙库尔德人已经在多年内战中形成了行之有效的自治体系，有独立的政治、经济、外交能力；军事上叙"民主军"人数已高达 6 万～7.5 万人，拥有美式装备，接受美国系统性的军事训练，在打击"伊斯兰国"的地面战斗中积累了丰富经验，在指挥、战斗能力上毫不逊色于阿萨德的政府军。目前库尔德人面临两种选择：一是如果最终被美国抛弃，其会选择"投靠"阿萨德政府，防止被土耳其打压；二是如果美国在

---

① Philip Issa and Maamoun Youssef, "Islamic State group calls on followers to avenge Syria siege," *Associated Press*, March 13, 2019. https：//news. yahoo. com/islamic - state - audio - calls - followers - avenge - syria - push - 084225299. html，上网时间：2019 年 3 月 15 日。

② "How a victorious Bashar al - Assad is changing Syria," *The Economist*, Jun 28th 2018.

此保持最低程度驻军，叙库尔德人就会继续在军事、政治、经济上依赖美国及西方阵营，但同时也与阿萨德政府保持接触。无论是哪一种情况，库尔德问题对阿萨德政府而言都颇为棘手。

第二、伊德利卜问题如鲠在喉。伊德利卜省位于叙西北部，与土耳其接壤，面积占叙总面积的3%多。2011年叙危机爆发后，这个地区成为反对派盘踞的据点之一。从2017年以来，阿萨德政府已经与各个叙反对派组织达成了100多个劝降协议，允许数千名反对派武装人员从包围圈中撤离，大部分人都被驱赶至叙北部的伊德利卜省。①目前，位于伊德利卜的反对派武装主要有两大团体：国民解放阵线和沙姆解放组织。其中，国民解放阵线实力最强，据称人数达到7万之众。2018年5月，11支反对派武装在伊德利卜宣布组建联盟，背后有土耳其的支持，总体上服从于土对叙政策。沙姆解放组织的前身为"支持阵线"，成立于2012年，早期自称为"基地"组织在叙分支，在叙内乱中壮大；2016年7月，该组织头目乔拉尼宣布脱离"基地"自立门户，并更名为"征服沙姆阵线"；2017年，该组织吞并了伊德利卜的一些反对派武装，并更名为沙姆解放组织。据估计，该组织在伊德利卜的人数有1万多人，其中很大一部分人并非叙利亚人。该组织由于有"基地"背景，尽管频频改头换面，但包括美俄在内的大部分国家仍将其认定为恐怖组织。就目前局势看，阿萨德政府收复伊德利卜的时机尚不成熟，无论是在政治上还是军事上都很难"毕其功于一役"，此事的

---

① Jonathan Steele, "If ending Syria's war means accepting Assad and Russia have won, so be it," *The Guardian*, 21 Sep 2018. https：//www. theguardian. com/commentisfree/2018/sep/21/syria - war - russia - assad - western - proxies. ，上网时间：2019年2月6日。

解决仍取决于外部力量的博弈。

第三、战后重建将面临双重困难。一方面，经过数年战争的严重破坏，叙利亚已成一片废墟。根据叙利亚中央统计局的统计，2010～2016年叙利亚的GDP缩水了4/5。世界银行称，叙利亚政府的财政收入从2010年占GDP的23%下降到2015年的不到3%。2014年"伊斯兰国"崛起以后，叙利亚的油田迅速被"伊斯兰国"占领，导致叙利亚的货币里拉贬值了459%。[1] 由于国际制裁，叙利亚贸易彻底崩溃，地下经济猖獗，地方收税的能力基本丧失。联合国经济社会理事会评估认为，叙利亚的重建需要约4000亿美元；国际货币基金组织认为，房地产市场至少需要2600亿美元。[2] 另一方面，即使阿萨德政府恢复了对全国的控制，仍面临美国等西方国家制裁的枷锁，在国际上招商引资将会困难重重。内战导致大批叙利亚战前的原住民逃离家园、流离失所，包括许多商界精英分子。世界银行报告称，叙利亚的私营经济占GDP的比例从2010年的12%下降至2015年的4%。[3] 由此导致内战后剩余的商业团体大部分都与阿萨德政府和阿萨德家族有千丝万缕的联系，美欧以此为

---

① The World Bank, "The Toll of War: The Economic and Social Consequences of the Conflict in Syria," July 10, 2017. https://www.worldbank.org/en/country/syria/publication/the-toll-of-war-the-economic-and-social-consequences-of-the-conflict-in-syria, 上网时间：2019年2月6日。

② Jomana Qaddour, "Assad Needs the United States and Its Allies for Reconstruction," *The Washington Institute for Near East Policy Policywatch 3087*, February 28, 2019. https://www.washingtoninstitute.org/policy-analysis/view/assad-needs-the-united-states-and-its-allies-for-reconstruction, 上网时间：2019年2月6日。

③ The World Bank, "The Toll of War: The Economic and Social Consequences of the Conflict in Syria," July 10, 2017. https://www.worldbank.org/en/country/syria/publication/the-toll-of-war-the-economic-and-social-consequences-of-the-conflict-in-syria, 上网时间：2019年2月6日。

由对这些商人实施了严厉制裁。根据美国财政部、欧盟等制裁名单，与叙政府相关的有 270 名商人和 72 个企业赫然在目，比如拉米·马克洛夫（Rami Makhlouf）、萨米尔·福兹（Samer Foz）、穆罕默德·汉穆绍（Muhammad Hamsho）等。如果此局面没有改变，其他国家的企业和个人恐会因惧怕美国制裁的"长臂管辖"，而不愿参与叙重建工程，从而导致阿萨德政府的许多重建计划难以落实。

结　语

2018 年是叙利亚局势发生重大转折的一年。美俄两大域外势力在叙利亚博弈呈现"美退俄稳"态势，在对叙战略投入上均表现较为克制；伊朗、土耳其、以色列、沙特等地区强国相应调整对叙政策，既积极填补美国收缩后出现的地缘权力真空，也注意拿捏分寸、减少冒险。在此大背景下，阿萨德政府的生存处境获得进一步改善：军事上，在俄罗斯、伊朗等外部强援支持下继续收复失地，反对派武装被驱赶至北部伊德利卜一隅，内战最大限度地接近结束；外交上，与俄、伊朗的同盟关系在战争中被锤炼得更加紧密，土耳其、阿拉伯多国也开始考虑与其转圜关系；内部来看，经济重建尽管面临困难，但已提上日程。但同时也应看到，经历了惨痛内战的叙利亚经济社会百废待兴，库尔德问题、伊德利卜问题短期内难以有所突破，叙利亚真正实现和平、完成政治过渡、推进战后重建仍需时日。

第十章
美国 "世纪协议" 的困境

"世纪协议" 是美国特朗普政府拟订的巴以和平计划，是为解决巴勒斯坦问题开出的 "新药方"。该计划已酝酿多时，但由于 "太过偏向以色列"，很难获有关各方，特别是巴勒斯坦方面的认可和接受，时至今日，该计划仍处于 "朦胧状态"。据说，特朗普政府将在 2019 年 6 月以色列新一届政府成立后正式将这一计划公布于世。应该说，特朗普推出该计划主要是为其 "遏伊（朗）、反恐" 为核心的美国中东战略服务，但从透露出来的 "世纪协议" 的内容和各方面反应看，它不仅无助于解决巴勒斯坦问题这一 "世纪顽疾"，反而会加重巴以矛盾，使地区局势更趋复杂。

一

特朗普出任美国总统后，在巴勒斯坦问题上采取了一系列重大决策。2017 年底，特朗普宣布承认耶路撒冷为以色列首都。2018 年 5 月，美驻以使馆从特拉维夫迁往耶路撒冷。随后，特朗普委派白宫高级顾问库什纳、中东问题特使格林布拉特组建团队，拟订被称作 "世纪协议" 的巴以和平计划。因 2018 年 11 月美国进行中期选举，特朗普将这一计划推迟到 2019 年 2 月公布。但计划赶不上变化快，2018 年 12 月，以色列宣布将于 2019 年 4 月提前进行大选。为避免影响选情，美方再度推迟公布"世纪协议"的日期。2019 年新年伊始，美驻以大使弗里德曼证实，美国已决定将"世纪协议"的公布时间再推迟几个月。①

尽管"世纪协议"尚未正式公布，但从媒体陆续公开的报道中，不难勾勒出其大致轮廓。当前，巴以和谈的主要问题集中在以下几个方面：巴勒斯坦建国及巴以边界划分，犹太人定居点，耶路撒冷地位和巴勒斯坦难民归属等。"世纪协议"对上述问题均有涉及。

其一，据以色列电视 13 台报道，该计划建议，通过巴方与以方，以及以方与约旦、沙特进行领土"置换"，大致可在约旦河西岸领土上建立未来的巴勒斯坦国。②

其二，以色列保留约旦河西岸的大型犹太人定居点，同时停止扩建零星分布的定居点，拆除"非法"定居点。

其三，耶路撒冷西区仍处于以色列主权之下。对东区进行重新划分，其中的阿拉伯社区划归巴方，同时将耶城东部约 4 公里处的阿布·迪斯镇划入东耶市政范围，作为未来巴勒斯坦国首都的一部分。耶路撒冷老城的"哭墙"和犹太人社区的主权仍归以方，伊斯兰宗教场所由巴勒斯坦和约旦共同管理；在阿布·迪斯与老城圣

① U. S. ambassador to Israel confirms peace plan delayed by "several months", *Axios*, Jan 6, 2019. https：//www. axios. com/david – friedman – trump – middle – east – peace – plan – delay – israel – 6579b8f4 – 17c4 – 4290 – 997d – 36dd6505251d. html
② Israeli TV: US sees Palestinian state on most of West Bank, *Some of East Jerusalem*, Jan 17, 2019. https：//www. channelnewsasia. com/news/world/israeli – tv – – us – sees – palestinian – state – on – most – of – west – bank – – some – of – east – jerusalem – 11132202.

殿山阿克萨清真寺之间修建一条通道，为阿拉伯人前往做礼拜提供便利。

其四，建立一个国际机制，对巴难民实施赔偿。绝大多数流亡海外的巴难民可获得回归未来巴勒斯坦国的权利，也可选择留在所在国，或移居到第三国，但不能回到以色列境内。据以色列《耶路撒冷邮报》透露，特朗普还拟订了一项具体计划，即要求约旦接受100万巴勒斯坦难民并给予他们约旦国籍，同样要求埃及也接受一定数量的巴难民并让他们加入埃籍，作为补偿，两国将获得1100亿美元的经济援助，但并未指明资金来源。计划还要求黎巴嫩政府也接受一定数量的黎境内巴难民，并给他们黎国籍，前提条件是这些难民放弃回归权。①

其五，设计"加沙＋"方案。主要内容是，埃及割让西奈半岛北部的部分地区，与加沙连为一体，作为未来巴勒斯坦国的一部分，并由海湾阿拉伯国家投资15亿美元，营建一个长期的大型工程项目，主要包括一个工业园区，一个海水淡化厂和一个发电站，雇佣更多的加沙巴勒斯坦人去西奈半岛生活和工作。② 此外，该计划还有意促进整个中东地区区域经济一体化和繁荣，增加约旦、埃及等阿拉伯国家的就业机会。另据《纽约时报》报道，根据"世纪协议"，由海湾国家、美国和以色列出资，向巴勒斯坦、埃及、

---

① By Yvette J. Deane："Trump's Peace Plan：Grant Jordanian Citizenship to a Million Palestinian Refugees – Report"，*The Jerusalem Post*，APRIL 5，2019. https：//www. jpost. com/Arab – Israeli – Conflict/Trumps – peace – plan – Grant – Jordanian – citizenship – to – a – million – Palestinian – refugees – report – 585863.

② Jonathan Cook："What's in Trump's Deal of the Century?" https：//www. middleeasteye. net/ news/us – donald – trump – deal – of – century – of – century – middle – east – peace – plan – already – happening – israel – palestine – 1066744202.

约旦和黎巴嫩提供经济援助，其中巴方（约旦河西岸和加沙地带）将获得约 240 亿美元，其他阿拉伯国家约获得 400 亿美元。[①]

可以看出，为了减少各方面的消极反应，特别是因"迁馆"造成的负面影响，最终公布的"世纪协议"可能不再提及耶路撒冷是以色列的首都，而是兑现特朗普有关耶路撒冷最终地位由巴以双方决定的承诺，提出将耶城划分为未来以、巴两国的首都；可能不再提及以色列总理内塔尼亚胡一再强调的未来巴勒斯坦国须实现"非军事化"的要求，也不要求巴方承认以色列国的"犹太属性"，而是特别强调通过促进该地区的经济合作与发展，使巴方获取经济"红利"，同时也让其他阿拉伯国家从中受益。美国国务卿蓬佩奥称，美国即将推出的这一和平计划"将打破旧有范式，立足于既成事实，并为以色列和巴勒斯坦人民达成一个更好的结果做出切合实际的评估"。[②]

然而，出于特朗普明显的"偏以压巴"言行，美国政府注定不可能制订公平的和平计划，"世纪协议"面临"难产"或"夭折"的危险。

二

美国中东问题特使格林布拉特称："我们不会提出一个未满足以色

---

① "NYT: $40bn for 3 Arab states as part of deal of the century", March 2, 2019. https://www.middleeastmonitor.com/20190302 - nyt -40bn - for -3 - arab - states - as - part - of - deal - of - the - century/.

② Pompeo says Trump peace plan will discard olk "parameters", *The Times of Israel*, Mar. 28, 2019. https://www.timesofisrael.com/pompeo - says - trump - peace - plan - will - discard - olk - parameters.

列所有安全需求、将以色列置于险境的计划。"① 鉴于"世纪协议"实际上更多地照顾以色列的利益，巴勒斯坦和阿拉伯国家恐怕难以接受。

对巴方来讲，边界划分攸关未来巴勒斯坦国的主权和领土完整。针对这一问题，巴方的基本立场是，建立以 1967 年边界为基础、以东耶路撒冷为首都的独立巴勒斯坦国。其中，"1967 年边界"所划定的领土范围即第三次阿以战争后以色列占领的领土，是指整个约旦河西岸。而"世纪协议"中提出的领土"置换"，表面看似公平，实质上是按照以色列"可防御边界"的设想，将西岸的约旦河谷等"战略要地"及水资源丰富等"宜居"的地区置于以色列主权范围之中，这无疑将严重损害未来巴勒斯坦国生存空间的数量和质量。不仅如此，通过以色列与约旦的领土"置换"，使未来巴国的边界并不与邻国约旦接壤，而将完全被以方控制。

按照巴方要求，未来巴勒斯坦国首都的范围，应该是整个东耶路撒冷。而根据该计划，对东耶路撒冷扩大后再进行"切割"，仅将市政"边缘"地段给予巴方，与其要求相距甚远。对于耶城主权归属，该计划也含糊其词，实际上是维持以色列拥有主权的既成事实。鉴于耶路撒冷作为伊斯兰教第三大宗教圣城的特性，在这一敏感问题上，巴方还受到阿拉伯和伊斯兰世界的牵制，难做妥协。

对于巴难民回归问题，该计划完全无视联大第 194 号决议②规定的流亡海外的巴难民回归权，对"两国方案"所提及的、允许

---

① Ted Belman: "Trump's Deal of the Century", *The Israel National News*, Dec. 9, 2018. http://www. Israelnationalnews. com/Articles/Article. aspx/22722.

② 1948 年 12 月 11 日，联大通过第 194 号决议，提出应允许那些既愿意回家又乐意和其邻居（指犹太人）平安相处的巴勒斯坦难民在尽可能短的时间内返回。

约10万巴难民回归以色列以便实现"家庭团聚"也只字未提。回归故乡，是500多万海外巴难民半个多世纪的梦想。巴政府若接受该计划，将无法对他们交代。

上述计划中"加沙＋"方案的实质，是旨在通过领土"西扩"和帮助巴方发展经济"以利相诱"，以"经援换主权"取代以"土地换和平"，使未来巴勒斯坦国国土重心西移，迫使巴方放弃国家领土完整和东耶路撒冷的主权，默许以方保留约旦河西岸大型犹太人定居点。按照巴方的理解和相关解读，其真实意图是哄骗巴勒斯坦人吞下以色列永远占领并兼并约旦河西岸的苦果，最终只能建立一个"带减号的国家"。①

美承认耶路撒冷为以色列首都并将美驻以使馆迁至耶路撒冷之举，巴方对美极度失望，认定美已失去"公正调解人"的作用，拒绝与美官方进行任何接触。巴总统阿巴斯称，所谓的"世纪协议"是对21世纪的"一记掌掴"，巴方绝不会接受。② 巴勒斯坦人的民族自尊感极强，内心绝不情愿为了获取经济利益而丧失民族尊严。据巴勒斯坦政策与调查研究中心发布的一项民意调查显示，74%的巴勒斯坦人认为巴方应该拒绝这一计划。③

作为巴以和平进程的主要当事方之一，巴方实际上对和谈拥有"一票否决权"，其态度对"世纪协议"能否落实具有决定性影响。

---

① Zaha Hassan: "Trump's Plan for Israel and Palestine: One More Step Away From Peace," December 11, 2018. https://carnegieendowment.org/2018/12/11/trump-s-plan-for-israel-and-palestine-one-more-step-away-from-peace-pub-77905.

② "Mahmoud Abbas Slams Trump Over 'Slap of the Century'," https://www.aljazeera.com/news/2018/01/mahmoud-abbas-slams-trump-slap-century-180114195614715.html.

③ 《美向安理会兜售中东和平新方案 称给巴以和平注入新元素》，新京报网，http://www.bjnews.com.cn/world/2018/12/19/531989.html。

没有巴方配合，即使以色列全盘接受该计划，也是孤掌难鸣，该协议充其量只能是一纸空文。

　　作为巴以冲突的"利益攸关方"，阿拉伯国家对"世纪协议"态度冷淡。出于浓厚的民族和宗教情感，巴勒斯坦问题在阿拉伯世界，特别是在普通民众心目中占据不可替代的重要地位。阿拉伯国家民众一向视巴勒斯坦人为"血浓于水"的兄弟，视巴勒斯坦领土为统一的阿拉伯世界的一部分，在巴勒斯坦问题上一贯坚定支持巴方。由此，沙特等国民众普遍对政府在巴勒斯坦问题上屈从美、以的做法不满，对沙以和解也保持"底线思维"，认为"若在巴以矛盾解决之前实现沙以关系正常化，则意味着对巴勒斯坦兄弟的抛弃和背叛"[①]。可见，巴勒斯坦问题攸关阿拉伯国家执政根基，即使是已经与以色列建立正式外交关系的埃及和约旦政府，也不敢公开表现出与以色列过于亲密。

　　与对待伊朗核问题的态度不同，阿拉伯国家围绕巴勒斯坦问题与美方配合的热情并不高。特别是在耶路撒冷地位、巴难民回归等敏感问题上，沙特、埃及等仍坚定支持巴方立场，尤其反对将被占领土经济重建与上述问题"挂钩"、迫使巴方接受"以主权换取经济红利"的做法。埃及外长舒克里称："巴难民的基本生活需要与巴勒斯坦问题全面、公正的解决密不可分。"埃及议会阿拉伯事务委员会主席贾马尔坦言："在耶路撒冷、边界和难民等政治问题解决之前，在加沙建设自贸区、电站和海水淡化厂的设想，完全偏离

---

① By Moshe Yaalon and Leehe Friedman："Israel and the Arab States," *The Foreign Affairs*, Jan. 26, 2018. http：//www. foreignaffairs. com/articles. /israel/2018 – 01 – 26/israel – and – arab – states.

了阿拉伯国家的核心关切。"约旦议员哈巴实内赫进一步指出："对所有阿拉伯人来讲，巴难民回归权和耶路撒冷及其圣地的地位，是不可逾越的'红线'。"①

从经济上讲，埃及一向视加沙为"包袱"，担心被拖累，对"加沙+"方案并不买账。埃及著名智库"金字塔研究中心"巴勒斯坦问题专家指出："美国和以色列希望巴勒斯坦的政权重心移到加沙，但埃及想要的是一个立足于约旦河西岸并管辖加沙的巴政府。"② 而库什纳建议约旦不再将其国内的200多万巴勒斯坦人列为难民，显然意在剥夺他们回归的权利，更是难以得到约旦政府的认可。再者，除卡塔尔外，沙特等海湾阿拉伯国家一向视哈马斯与穆斯林兄弟会为一丘之貉，对阿拉伯君主制国家政权稳定构成威胁，主观上并不具备对哈马斯掌控下的加沙进行投资的动机。

实际上，阿拉伯国家并不在意"世纪协议"本身是否有利于巴建国和能否奏效，而是关心会否影响其切身的利益，特别是政权稳定。因此，在"阿拉伯之春"所带来的、普遍面临国内安全挑战和经济困境的背景下，阿拉伯国家政府绝不敢贸然做出违背民众意愿、放弃支持巴方的举措，以避免引起新的政局动荡。在"世纪协议"有损巴方利益并遭其拒绝的情况下，阿拉伯国家也不会贸然接受。

---

① By Jacob Writschafter and Mina Nader: "Egypt , Saudi Arabia Less Optimistic of Trump's 'Deal of Century' to Bring Middle East Peace," *The USA Today*, Aug. 22, 2018. https: // www. usatoday. com/story/news/world/2018/08/22/enthusiasm - wanes - trumps - deal - century - middle - east - peace - deal/1047237002/.

② By Jacob Writschafter and Mina Nader: "Egypt , Saudi Arabia Less Optimistic of Trump's 'Deal of Century' to Bring Middle East Peace," *The USA Today*, Aug. 22, 2018. https: // www. usatoday. com/story/news/world/2018/08/22/enthusiasm - wanes - trumps - deal - century - middle - east - peace - deal/1047237002/.

三

纵观中东和平进程近三十年的历程，巴以和平进程取得进展的必要条件主要是内因加外因，其中内因是最重要的决定性因素，外因则起到助推作用。从1991年马德里和会开始，有关各方先后出台了一系列和平协议和方案，如《奥斯陆协议》，"中东和平'路线图'""阿拉伯和平倡议"以及2013～2014年美国时任国务卿克里提出的"协议框架"，等等。然而，这些协议和方案大多并未达到预期的目标。和平进程往往是跌跌撞撞，步履蹒跚，甚至是进一步，退两步。可见，和平进程并不缺乏协议和方案，关键取决于客观条件和有关各方，特别是主要当事方的主观意愿。从目前有关各方主客观条件综合分析，主要相关方实际上均无解决问题的诚意。"世纪协议"无助于解决巴勒斯坦问题这一世纪"顽疾"。

第一，以色列对推动和谈"有力无心"。在阿以关系的天平上，以色列凭借强大的军事力量和美国的支持，成为占主导地位的强势一方，对和平进程具有决定性影响。以色列国诞生于战火之中。历经数次大规模阿以战争后，以色列虽基本上实现了国家安全，但敌对国家和反以激进组织环伺的险恶处境，仍决定着安全在其国家战略中占据压倒一切的首要地位。历届以色列政府均奉"安全至上"为圭臬，但对具体安全威胁的认知和排序，则有轻重缓急之分。

当前，以色列国内上上下下均一致将伊朗视为其最大威胁。一是近年来伊朗积极介入叙利亚内战，特别是在叙境内派驻兵力和部署军事设施，使以色列产生"兵临城下"的危机感。美国宣布从叙撤军后，进一步加重了以色列对伊朗威胁的担忧。同时，因高举反以旗帜的巴勒斯坦哈马斯、黎巴嫩真主党等激进组织均或多或少地受到伊朗支持，更使伊朗成为以色列的"眼中钉"。二是伊朗军力不断提升，特别是弹道导弹技术与核研发取得长足进步，使以色列处于其军事打击有效范围内。以方认为自身国土狭小，缺乏战略纵深，难以对来自伊朗的军事进攻进行有效防范。尤其令以色列人感到恐怖的是，伊朗一旦拥有核武器，便会使以面临"灭顶之灾"。三是伊朗领导人均公开发表反以言论。历届伊朗领导人，从精神领袖到总统，都公开谴责以色列。特别是前总统内贾德发表的应将以色列"从地图上抹去"的言论，更令以方心有余悸。

相形之下，以方认为巴勒斯坦问题对以安全并不构成实质性威胁，维持现状对以色列最有利。长期以来，巴激进组织和个人的暴力袭击，对以境内犹太人安全构成威胁，这是不争的事实。然而，经过多年较量，以色列政府已积累起丰富的对巴斗争经验，建立起相当成熟的危机管理机制，军方和情治机构也总结出主动进攻与积极防御相结合的一整套行之有效的反恐战略和战术。另外，军事高科技的运用，也为以色列的安全提供了新的保障。近年来，以美合作研发的火箭弹防御系统"铁穹"，为犹太居民的安全提供了较为可靠的"保护伞"。据民调统计，83%的以色列犹太人相信，政府完全有能力打击恐怖主义、保卫公民安全。[①]

另外，近年来以色列与逊尼派阿拉伯国家关系出现缓和，使以

---

① Edward P. Djerejian Marwan Muasher Nathan J. Brown："Two States OR One? Reappraising the Israeli-Palestinian Impasse," 2018 Rice University's Baker Institute for Public Policy and Carnegie Endowment for International Peace, p. 9.

外部安全环境得到改善。由此,内塔尼亚胡政府试图对"阿拉伯和平倡议"提出的"先巴后阿"的实现和平顺序进行"修正",大力倡导"先实现以阿和平,再推动以巴和平"。以色列在适度打击哈马斯武装过程中,利用伊朗"西扩"对阿拉伯国家形成的战略压力,与沙特、阿联酋、阿曼、巴林等阿拉伯国家实现关系缓和,进一步孤立巴勒斯坦,在很大程度上掌握了战略主动权。

在以巴关系中,以色列凭借绝对的军事优势,牢牢掌握对巴方的所有控制权。对以方来讲,如果与巴方签署和平协议意味着将让出大部分约旦河西岸领土,并带来更多的不安全感,而维持现状则是最好的选择。因此,以方解决巴勒斯坦问题的意愿并不强烈。据民调统计,只有21%的以色列犹太人认为以巴冲突是以色列最大的外部威胁。[①]

第二,巴方已对通过和谈实现建国梦想感到"有心无力"。自20世纪90年代初巴以和谈开启后,巴方一直将谈判作为建国的必经之路,将以色列的承认作为建国的前提条件。然而,2009年巴以和谈失败后,巴方转向单方面争取先获得国际社会对巴勒斯坦国的承认,借此向以色列施压,最终得到以色列认可,巴以斗争途径从双边谈判桌转向国际舞台。经过努力,巴先后成为联合国教科文组织成员、联合国"非成员国"以及国际刑事法院成员,并已获得130多个国家的承认。然而,在没有以色列配合、让步的情况下,国际社会的承认并不能改善巴勒斯坦被动、弱势、分裂和无奈

---

① Edward P. Djerejian Marwan Muasher Nathan J. Brown: "Two States OR One? Reappraising the Israeli – Palestinian Impasse," *2018 Rice University's Baker Institute for Public Policy and Carnegie Endowment for International Peace*, p. 9.

的困境，其距离真正意义上的建国还十分遥远。安全上，巴方仅控制约旦河西岸约 40% 的领土和加沙地带，且所有对外口岸均被以色列和埃及控制。经济上，因主要的资源、能源及劳动力和商品流动均由以方掌控，巴经济无法摆脱对以的依附。根据巴以 1993 年签署的"奥斯陆协议"，以方每月将 2.22 亿美元的代收税款移交巴方。但实际上，以方已将此作为向巴施压的工具。2019 年 2 月，以方以巴方资助"恐怖分子"家属为由，拒绝移交 1.38 亿美元税款。① 政治上，巴政权长期分裂、孱弱。自 2007 年以来，巴两大主要派别法塔赫与哈马斯分别掌控约旦河西岸和加沙地带，各自为政。巴勒斯坦总统阿巴斯执政业绩乏善可陈，威望下降，其领导的法塔赫支持率也出现下滑。巴民众对自治政府内部腐败、经济恶化、建国希望渺茫等状况的不满上升。据巴勒斯坦政策与调查研究中心民调显示，60% ~ 70% 的巴人希望阿辞职。② 内部分裂使巴方难以实现政令一致，无法制定统一的对外政策，从而使以色列以"无谈判对象"为借口拒绝和谈。

在对外关系上，巴方遭到特朗普政府的强力打压。特朗普政府一改前任在巴以问题上搞平衡的做法，试图通过向巴方施压，迫其接受"既成事实"。为此，特朗普相继采取关闭巴解组织驻华盛顿办事处，取消对巴援助，取消对"联合国巴勒斯坦难民救济和工

---

① "Israel trims $ 138 million from Palestinian funds over militant stipends", France 24, Feb. 17, 2019. https://www. france24. com/en/20190217 - israel - trims - 138 - million - palestinian - taxes - funds - militant - stipends - netanyahu - abbas.

② By Khalil Shikaki: "Do Palestinians Still Support The Two - State Solution?" *The Foreign Affairs*, Sept. 12, 2018. https://www. foreignaffairs. com/articles/middle - east/2018 - east/2018 - 09 - 12/do - palestinians - still - support - two - state - solution.

程处"（UNRWA）资助，削减"巴以民间和解机构"基金，甚至将美驻以使馆迁至耶路撒冷等一系列举措，警示和敲打巴方，迫其接受美国的"和平安排"。

不仅如此，来自阿拉伯"兄弟"国家的支持也在减少。沙特、阿联酋、埃及等对阿巴斯不满，政治上支持其流亡海外的对手、在被占领土有深厚群众基础的原内阁安全部部长达赫兰；经济上对巴民族权力机构的援助逐年减少。据巴勒斯坦财政部统计，阿拉伯国家对巴经援占总外援的比重，从 2012～2016 年的 39% 降至 2017 年的 25%。[1] 尽管巴方极力通过联合国相关机构和国际社会向以方施压，如通过联大决议要求以色列停建犹太人定居点，在国际法院对以进行"战争罪"起诉等，但这些对有美国撑腰的以色列毫无约束力。国际社会对巴方道义上的支持显得苍白无力。

在此情况下，巴方既缺乏建国的基本条件，也不具备与以色列讨价还价的资本，从而注定无力争取公平、公正的和平协议。

第三，特朗普推动巴以和平进程的动机不纯。美国是影响中东和平进程最重要的外部因素。在推动和平进程中，美国政府往往是从自身的全球战略出发，将巴勒斯坦问题放在整体中东战略的大构架中通盘考虑。特朗普上台后，也毫无例外地围绕美国中东战略大方向来调整处理巴勒斯坦问题的策略。特朗普重新调整美国中东战略后，将反恐和遏制伊朗定为两大重点战略目标。为实现上述目

---

[1] By Moshe Yaalon and Leehe Friedman: "Israel and the Arab States," *The Foreign Affairs*, Jan. 26, 2018. http://www.foreignaffairs.com/articles./israel/2018 - 01 - 26/israel - and - arab - states.

标，特朗普政府"双管齐下"：一方面极力扶持以色列，并拉近以色列与阿拉伯国家关系，打造"美国—以色列—沙特"反伊朗轴心；另一方面，着手打造由沙特等6个海湾阿拉伯国家与埃及、约旦组成的"中东战略联盟"（MESA，又称"阿拉伯北约"），共同应对"宗教极端主义"的威胁。特朗普认定，以色列作为美国在中东地区最忠实的盟友，对实现其中东战略有着至关重要的作用，因而在巴勒斯坦问题上，将支持以色列作为美国中东政策的立足点，将向巴勒斯坦方面施压作为主要手段。

特朗普推出"世纪协议"的出发点仍是"美国优先"，主要意图就是要借助推动巴以和谈，赢得阿拉伯盟友的支持，进一步拉近阿以关系，营造由美、以主导的地区战略环境，为巩固反伊朗轴心和构建"阿拉伯北约"助力。可见，特朗普力推"世纪协议"是"项庄舞剑，意在沛公"，即为实现美国中东战略构想提供"工具"，并无解决巴勒斯坦问题的诚意。这就注定美国促谈之举多为"表面文章"，虚多实少，难以奏效。

四

当前，巴勒斯坦问题被严重边缘化，巴以矛盾不断激化，以强巴弱的态势持续强化。可以预见，美国推出的"世纪协议"不仅无助于问题的解决，而且可能会使地区安全局势更趋恶化。

首先是巴勒斯坦问题被边缘化之势难以扭转。自1948年以色列建国并引发阿以冲突后，中东地区曾爆发5次大规模战争，巴勒斯坦问题一直是中东问题的核心，成为中东问题的代名词。解决巴勒斯坦问题的阿以和平进程也就被称为中东和平进程。[1] 但随着 2011 年阿拉伯世界政治动荡频发，伊朗核问题"高烧不退"，叙利亚、也门等国陷入内乱和内战，"伊斯兰国"兴起等新燃点出现并不断升温，中东地缘政治生态急剧变化，地区矛盾次序排列发生转换和易位，出于各自利益和地区战略考虑，阿拉伯国家的关注点纷纷转移。

沙特将伊朗视为头号威胁，其领衔的"逊尼派阵营"与伊朗牵头的"什叶派新月带"尖锐对峙；埃及聚焦反恐战役，在西奈半岛打击"伊斯兰国"分支，并时刻警惕其向利比亚等周边国家渗透；约旦政府为上百万涌入其境内的叙利亚难民所困扰，对"伊斯兰国"残余势力的渗透与蛰伏忧心忡忡。同时，阿拉伯国家普遍面临国内政局不稳和经济压力，阿盟和海合会内部产生"裂痕"，如卡塔尔与沙特等其他海合会国家关系不睦等。在此背景下，巴勒斯坦问题在中东政治安全中的重要性和迫切性明显下降。据 2017 年底民调结果，阿拉伯世界的年轻人认为对中东地区的最大威胁分别是"伊斯兰国"和高失业率，巴以冲突仅排在第八位。[2]

与此同时，出于共同安全威胁增多、经济利益互补，加上美国诱压，沙特等海湾阿拉伯国家或明或暗地站到以色列一边。阿以民族矛盾进一步弱化，降级为巴以矛盾。沙特等逊尼派阿拉伯国家政府对待巴勒斯坦问题的关注度明显下降。出于遏制伊朗和反恐的地

---

[1] 赵克仁：《美国与中东和平进程》，世界知识出版社，2005，第 20 页。

[2] By Moshe Yaalon and Leehe Friedman："Israel and the Arab States，" *The Foreign Affairs*, Jan. 26, 2018. http://www.foreignaffairs.com/articles./israel/2018 – 01 – 26/israel – and – arab – states.

区安全战略现实需要，沙特等阿拉伯国家政府在处理地区事务中不得不更多迎合美国的意愿，极力避免唱反调，甚至对美国驻以使馆迁往耶路撒冷这一"破天荒"之举也保持低调。美迁馆后，只有科威特作为联合国非常任理事国发声，对以色列军队在加沙地带打死数十人表示"愤怒和悲痛"，同时呼吁进行独立调查。其他阿拉伯国家则保持沉默。对行将出台的"世纪协议"，一些阿拉伯国家虽口头反对，私底下却与以色列暗通款曲。

其次是巴以局势更趋恶化。目前，巴勒斯坦问题的重心已从最终地位谈判转换为冲突管控。根据1991年马德里和会确定的原则，先解决巴勒斯坦建国问题，然后"一次性解决"巴勒斯坦人的生存问题，"两国方案"一直是巴以和谈的既定方针和目标。然而，2014年美国主导的新一轮巴以和谈失败后，巴以之间互信严重受损，"两国方案"前景暗淡，巴勒斯坦建国更显遥遥无期。

与此同时，因屡遭以色列的封锁，约旦河西岸和加沙地带巴勒斯坦人的生存条件和环境不断恶化，2018年巴失业率达31%，加沙更高达52%。[①] 民众对通过和谈、外交途径结束以方占领的绝望情绪上升。受中东乱局影响，巴内部极端思潮抬头，一些巴青年不惜铤而走险，诉诸暴力。巴方为抗议美国"迁馆"，在加沙边境发起的"回归大游行"示威活动仍未结束，巴以冲突不断。加沙地带的巴勒斯坦人发明"火风筝""气球炸弹"等"新型武器"对以境内进行袭扰，哈马斯等巴激进组织不断向以境内发射火箭弹。

---

① "The World Bank In West Bank and Gaza", *Lastupdated*, Apr 01, 2019. https://www.worldbank.org/en/country/westbankandgaza/overview.

而在约旦河西岸及东耶路撒冷,对犹太人实施暴力袭击的事件也屡有发生。以军则以牙还牙,不断对加沙地区发动空袭,在约旦河西岸对巴人实施镇压抓捕。巴以陷入低烈度暴力冲突的恶性循环中。近期,以总理内塔尼亚胡声称"以色列并未排除重新占领加沙的选择"①。以色列与哈马斯等巴激进组织存在再度开战的可能性。据卡塔尔半岛电视台和巴勒斯坦人权中心报道,过去一年来,在巴以冲突中已有266人丧生,3万多人受伤。②

面对局势日趋恶化,巴民族权力机构不想管,不敢管,也不能管;以色列的反应是进一步强化以巴之间隔离,加强对巴人的安全控制。巴以双方既没有解决问题、缓和矛盾的思路、动力和资源,无法前行;也没有相互妥协的资本,不能后退。因此,无组织、无计划、无战略目标的随机性袭击、冲突及由此引发的管控将成为常态。

从历史上看,每逢巴以和谈取得进展,巴激进组织等反和势力都会跳出来,通过暴力冲突等手段横加阻挠,蓄意破坏。由此,"世纪协议"一旦正式出台,反而有可能成为巴以新一轮冲突的导火索。

---

① By Tovah Lazaroff: "Netanyahu: The Option of Reoccupying Gaza is Still on the Table," April 5, 2019. https://www.jpost.com/Breaking - News/Netanyahu - Occupation - of - Gaza - is - on - the - table - 585723.

② By Jean Shaoul: "Israeli military kills four Palestinians in Gaza protest," April1, 2019. https://www.wsws.org/en/articles/2019/04/01/gaza - a01.html.

第十一章
阿拉伯史学史之我见?*

20 世纪，中国学者错过了构建中国特色阿拉伯史学史研究体系的两次良机。第一次错过是在 60 年代初。1961 年，全国高等院校文科教材会议召开。中国史学界开展了关于史学史问题的大讨论，从而掀起了一股"史学史热"。中国史学史研究由沉寂时期转向活跃时期。① 西方史学史学科建设由萌芽阶段迈向奠基阶段。② 但此时，我国的中东史研究仍然处于起步阶段，③ 开展阿拉伯史学史研究的主客观条件也尚未成熟（主要是缺少人才）。第二次错过是在八九十年代。在改革开放春风的吹拂下，中国史学史研究迎来了春天，研究队伍扩大，研究领域拓展，论著数量猛增，理论创新不断，学科建设稳步推进。④ 与此同时，西方史学的"东传"进入了兴盛期，出现了 20 世纪中西史学交流史上的第二次高潮。中国

* 本文系 2018 年度国家社科基金青年项目"古代阿拉伯史学史研究"（批准号：18CSS012）的阶段性成果。
① 瞿林东：《中国史学史研究八十年》，瞿林东：《瞿林东文集》第 8 卷，北京师范大学出版社，2017，第 345～356 页。
② 张广智主编《西方史学通史》第 1 卷，复旦大学出版社，2011，第 150～157 页。
③ 姚大学、李芳洲：《新中国中东史研究五十年》，《内蒙古民族大学学报》（社会科学版）2005 年第 1 期。
④ 瞿林东：《中国史学史研究八十年》，瞿林东：《瞿林东文集》第 8 卷，北京师范大学出版社，2017，第 356～377 页。

西方史学史学科的建设步入了"快车道"。① 春风润万物。中国阿拉伯史学史研究也"迎风起舞"。我国首位阿拉伯语专业博士赵军利（1955~1993年）的博士学位论文《中世纪阿拉伯的史学发展》"具有拓荒和填补空白的性质，是具有开拓意义的研究工作"②。遗憾的是，赵氏英年早逝，史业未遂。八九十年代，有不少学者偶尔以卓优雅笔触及阿拉伯史学，③ 但似乎没有人把阿拉伯史学史作为人生志业来矢志不渝地研究它、珍惜它和推广它。因而，周一平主编的《20世纪后半期中国史学史》一书的第二章——"史学史、史学批评史研究"，全面总结了20世纪后半期中国的中国史学史研究、西方史学史研究、史学批评史研究，却只字

---

① 张广智主编《西方史学史》，复旦大学出版社，2018，第424页。

② 赵军利：《赵军利博士论文集》，北京外国语大学阿拉伯语系1993年内部刊印本，第1页。

③ 比如，纳忠：《中世纪阿拉伯的历史家——从口头流传到编纂著述》，《阿拉伯世界》1982年第1期；张广智：《中世纪时期的阿拉伯史学》，《复旦学报》（社会科学版）1985年第2期；李振中：《阿拉伯哲学家——伊本·赫勒敦》，《阿拉伯世界》1984年第3期；静水：《阿拉伯史学大师：伊本·卡尔敦》，《世界史研究动态》1985年第5期；蔡德贵：《阿拉伯历史哲学家伊本·赫勒敦》，《山东大学学报》（哲学社会科学版）1990年第1期；黄培炤：《记录中国情况的阿拉伯著述家及其作品》，《阿拉伯世界》1990年第1~2期；郭应德：《阿拉伯史纲（610~1945）》，中国社会科学出版社，1991；赵军利：《中世纪阿拉伯历史研究方法》，《史学理论研究》1992年第4期；徐晓光：《伊本·卡尔敦社会史研究述评》，《世界史研究动态》1993年第4期；夏祖恩编著《外国史学史纲要》，鹭江出版社，1993；马小鹤：《伊本·赫勒敦》，台北：东大图书公司，1993；李荣建：《埃及著名历史学家——赛义德·阿述尔》，《阿拉伯世界》1994年第1期；杨克礼：《历史演进的轨迹：伊斯兰史学概观》，《中国穆斯林》1994年第4期；王建娥编著《外国史学史》，兰州大学出版社，1994；王建娥：《中世纪阿拉伯的历史学》，《西北师范大学学报》（社会科学版）1995年第4期；杨铭：《8~16世纪阿拉伯波斯文献中的西藏》，《西北民族研究》1996年第2期；许序雅：《阿拉伯—伊斯兰舆地学与历史学》，《史学理论研究》1996年第4期；哈全安：《古典伊斯兰世界》，中国青年出版社，1999；纳忠：《阿拉伯通史》下册，商务印书馆，1999；钱志和、钱黎勤：《中世纪的阿拉伯史学及其特点初探》，《宁夏大学学报》（人文社会科学版）2000年第1期；徐善伟：《伊本·卡尔敦的史学观》，《史学史研究》2000年第3期；等等。

未提阿拉伯史学史研究。^① 总之，20 世纪中国阿拉伯史学史研究的"嫩芽"未能在"春风"中"开枝散叶"，更勿论"挺入苍穹"了！

21 世纪，中国学者可能等到了构建中国特色阿拉伯史学史研究体系的"第三次机遇"。这在近期主要表现为中国社会科学院中国历史研究院的成立（2019 年 1 月 3 日）及《习近平致中国社会科学院中国历史研究院成立的贺信》在中国史学界引发的强烈反响。习近平总书记在贺信中明确指出了历史研究的重要性，催促史学工作者加快构建中国特色历史学学科体系、学术体系和话语体系。这是新时代的需要，也是史学研究者面临的一个迫切任务。对于中国的阿拉伯史学史研究者来说，这一任务尤为迫切且十分沉重。

面对数以万计的阿拉伯史学典籍，^② 远眺赓续 1300 多年的阿拉伯史学传统，新时代的中国学者怎能不拔足深涉这片研究领域，怎能不争取在韶华之年有所作为呢？那么，我们如何才能有所作为？笔者认为，仅就阿拉伯史学史研究本身而言，21 世纪中国的阿拉伯史学史研究者亟须解决的问题有很多。比如：

阿拉伯史学史有什么用？

古今中外的阿拉伯史学史研究状况如何？

阿拉伯史学遗产有多少？

阿拉伯史学家们的生平与史学交往如何？

---

① 周一平主编《20 世纪后半期中国史学史》，上海书店出版社，2017，第 264～335 页。

② 关于古代阿拉伯史学家及其著作的概况，可参阅沙奇尔·穆斯塔法：《阿拉伯历史与史学家》（والمؤرخون التاريخ العربي）第 1～4 卷，贝鲁特：大众知识出版社，1978～1993。

阿拉伯历史编纂学发展到什么程度？

阿拉伯史学家们有什么样的思想？

阿拉伯史学流派是怎样发展演变的？

古今阿拉伯史学发生了什么变化？

阿拉伯史学与阿拉伯其他学科、伊斯兰教以及阿拉伯社会的关系如何？

阿拉伯史学与世界史学其他分支怎样交往？

阿拉伯史学在世界史学史上处于什么位置？

阿拉伯史学史研究在中国的学术体系中处于什么位置？

我们应当如何在马克思主义唯物史观指导下构建中国特色的阿拉伯史学史学科体系、学术体系和话语体系？

等等。

在以上问题中，最迫切需要中国学者讨论的是"阿拉伯史学史有什么用"？因而，笔者不揣浅陋，试谈几点看法，渴盼博雅君子们赐正！

阿拉伯史学史是研究阿拉伯史学产生与发展过程的一门学科。毋庸置疑，这本该是阿拉伯人的"世袭领地"。阿拉伯人把史学自身作为研究对象比西方人早数十年，但近现代学科意义上的阿拉伯史学史研究却兴起于西方。

伊历 897 年（公元 1492 年），萨哈维（السخاوي，1427～1497 年）在麦加撰成第一部全面系统的阿拉伯史学理论与史学史专著《为史正名》（الإعلان بالتوبيخ لمن ذم أهل التاريخ）。他在史学理论方面主要受到其师卡菲雅吉（الكافيجي，1386～1474 年）的史学理论专文《史学撮要》

（المختصر في علم التاريخ) 的启发，[①] 在史学史方面主要以扎哈比 (الذهبي, 1274 ~ 1348 年) 在《伊斯兰史与诸杰群英辞世录》（تاريخ الإسلام ووفيات المشاهير والأعلام) 的序言部分阐述的史籍分类为基础。[②]《为史家正名》从宗教学的角度为史学辩护，捍卫了史学的尊严。[③] 它虽然未能掘尽此前 800 年内的阿拉伯史学遗产，但无疑是古代阿拉伯学者研究阿拉伯史学史的巅峰之作。

1566 年，法国思想家让·波丹 (Jean Bodin, 1530 ~ 1596 年) 出版了《史学易知法》(*Methodus Ad Facilem Historiarum Cognitionem*) 一书，在近代西方史学史上首次对历史学进行了比较系统的反省。[④] 他在该书的最后一部分还提到了一些阿拉伯史学家和研究阿拉伯的西方史学家。[⑤] 但直到阿拉伯史学史上最伟大的史学家伊本·赫勒敦 (ابن خلدون, 1332 ~ 1406 年) 辞世 400 年后，西方学者才真正开始认识到这位阿拉伯史学家的"伟大"。[⑥]

19 世纪被西方史学家称为"历史学的世纪"。享誉世界的英国史学史家古奇 (G. P. Gooch, 1873 ~ 1968 年) 说："古代东方的复活是 19 世纪最动人视听的事件之一。"[⑦] 在这个世纪，欧洲东方学

---

① 卡菲雅吉：《史学撮要》(المختصر في علم التاريخ)，贝鲁特：书籍世界，1990。
② 扎哈比：《伊斯兰史与诸杰群英辞世录》(تاريخ الإسلام ووفيات المشاهير والأعلام) 第 1 卷，贝鲁特：阿拉伯书籍出版社，1990，第 22 ~ 26 页。
③ 萨哈维：《为史正名》(الإعلان بالتوبيخ لمن ذم أهل التاريخ)，萨里哈·艾哈迈德·阿里译，贝鲁特：使命基金会，1986，第 140、185 页。
④ 张广智主编《西方史学通史》第 1 卷，上海复旦大学出版社，2011，第 60 页。
⑤ Jean Bodin, *Method for the Easy Comprehension of History*, tr. by B. Reynolds, New York: W. W. Norton & Company, Inc, 1969, pp. 369 – 370, 377 – 378.
⑥ 马小鹤：《伊本·赫勒敦》，东大图书公司，1993，第 253 ~ 255 页。
⑦〔英〕乔治·皮博迪·古奇：《十九世纪历史学与历史学家》，耿淡如译，商务印书馆，1989，第 698 页。

家比阿拉伯人领先一步"复活"了阿拉伯史学遗产。[①] 其中，德国东方学大师乌斯坦菲尔德（F. Wüstenfeld，1808～1899 年）一生致力于阿拉伯古籍手稿的校勘和研究。[②] 他在 1882 年推出的《阿拉伯史家及其著作》（*Die Geschichtschreiber der Araber und ihre Werke*）梳理了 590 位阿拉伯史家及其著作的概况。[③] 该书虽然未能超越同时代的其他史学史作品，但在西方学术史上首次较为系统地重现了古代阿拉伯史学昔日的辉煌。[④] 西班牙东方学家布衣格斯（F. P. Boigues，1861～1899 年）效仿乌氏，在 1898 年出版了《阿拉伯—西班牙史学家和地理学家传记》（*Ensayo Bio-bibliográfico Sobre Los Historiadores Y Geógrafos Arábigo-españoles*），简要地介绍了穆斯林统治时期西班牙 300 余位用阿拉伯文撰述的史学家和地理学家。[⑤] 同年，德国东方学家布罗克尔曼（Carl Brockelmann，1868～1956 年）的《阿拉伯文学史》（*Geschichte der Arabischen Litteratur*）第一卷问世。[⑥] 1902 年，布氏推出这部著作的第二卷。[⑦] 他按照史书的类型，罗列

---

① 〔埃〕赛义德·阿卜杜·阿齐兹·萨里姆:《阿拉伯历史与史家》(التاريخ والمؤرخون العرب)，亚历山大: 大学青年基金会，1987，第 5～6 页。

② 〔埃〕纳吉卜·阿吉吉:《东方学家》(المستشرقون) 第 2 卷，开罗: 知识出版社，1965，第 713～715 页；阿卜杜·拉哈曼·巴达维:《东方学家百科》(موسوعة المستشرقين)，贝鲁特: 大众知识出版社，1993，第 399～402 页。

③ Ferdinand Wüstanfeld, *Die Geschichtschreiber der Araber und ihre Werke*, Göttingen: Dieterichsche Verlags-Buchhandlung, 1882.

④ Franz Rosenthal, *A History of Muslim Historiography*, Leiden: E. J. Brill, 1968, pp. 3–4.

⑤ F. P. Boigues, *Ensayo Bio-bibliográfico Sobre Los Historiadores Y Geógrafos Arábigo-españoles*, Madrid: Estab. Tip. de San Francisco de Sales, 1898.

⑥ Carl Brockelmann, *Geschichte der Arabischen Litteratur*, Band 1, Weimar: Verlag von Emil Felber, 1898.

⑦ Carl Brockelmann, *Geschichte der Arabischen Litteratur*, Band 2, Berlin: Verlag von Emil Felber, 1902.

介绍了 220 余位阿拉伯史家及其著作的存稿和出版情况。① 西方阿拉伯史学史研究的基础由此被奠定。此后百余年，西方阿拉伯史学史研究稳步向前推进。

相对于西方阿拉伯史学史研究而言，阿拉伯世界对自身史学史的科学研究却起步较晚。学术界通常把黎巴嫩史学家阿萨德·鲁斯塔姆（اسد رستم，1879～1965 年）在 1939 年出版的《历史术语》（مصطلح التاريخ）视为现代阿拉伯史学家系统地研究阿拉伯史学的开山之作。② 此后 80 年，阿拉伯的阿拉伯史学史研究呈现"爆炸式"发展趋势。

那么，21 世纪中国学者为何要涉足这片"领地"，为何应当积极构建中国特色的阿拉伯史学史学科体系、学术体系和话语体系呢？显然，中国学者不惧万难、不辞辛劳地研讨阿拉伯史学史，是由于这项研究本身既有其不可忽视的学术价值，又具有可想而知的现实意义。

第一，我们不妨先从"史学史有什么用"谈起。

法国年鉴学派创始人之一马克·布洛克（Marc Bloch，1886～1944 年）的儿子问他："爸爸，告诉我，历史究竟有什么用？"③ 这并非一个天真幼稚的问题，而是一个历史学难题。它关乎历史学的合法性。史学史是历史学的历史。史学史研究者自然也会被

---

① 〔埃〕卡尔·布罗克尔曼：《阿拉伯文学史》（تاريخ الأدب العربي）第 3 卷，阿卜杜·哈里姆·纳贾尔译，开罗：知识出版社，1991，第 7～91 页；第 6 卷，雅古比·伯克尔译，开罗：知识出版社，1983。
② 梁道远：《古代阿拉伯史学史的分期及其特点》，《史学理论研究》2017 年第 1 期。
③ 〔法〕马克·布洛克：《历史学家的技艺》（第二版），黄艳红译，中国人民大学出版社，2011，第 31 页。

人们追问："史学史有什么用？"每一位合格的史学史研究者都应当对这个问题有所思考，因为它是"关于史学史学科的基本理论问题"①。

我们为什么要研究中国史学史？1927年，先辈梁启超（1873～1929年）在清华说："史学，若严格地分类，应是社会科学的一种。但在中国，史学的发达，比其他学问更厉害，有如附庸蔚为大观，很有独立做史的资格。"② 他在"史学史的做法"中阐述了中国史学史的基本理论和方法，对中国史学史学科的产生和发展做出了开拓性的贡献。③ 他还说："无论何种学问，要想对于该种学问有所贡献，都应该做历史的研究。写成历史以后，一方面可以使研究那种学问的人了解过去成绩如何，一方面可以使研究全部历史的人知道这种学问发达到何种程度。"④ 因而，我们要想对史学的发展有所贡献，就得研究它的历史。

1964年，师宁在《简论为什么要研究中国史学史》一文中指出，我们研究中国史学史，是为了使我们的历史研究更好地为社会服务；我们熟悉中国史学史，才能深刻了解中国历史科学的现状并认识它的发展规律；我们批判地继承过去中国史学的精华，是为了给今天和未来史学的发展提供滋养；我们对中国史学史的研究，还可以进一步充实和发展马克思主义历史科学的理论和方法；通晓中国史学本身发展的历史，是历史科学工作者一种必要的理论素养；

① 周文玖：《史学史导论》，学苑出版社，2006，第11～12页。
② 梁启超：《中国历史研究法 中国历史研究法补编》，中华书局，2014，第344页。
③ 俞旦初：《梁启超论中国史学史的基本理论和方法》，《史学史资料》1980年第4期；周文玖：《梁启超对中国史学史学科的开拓性贡献》，《求是学刊》2002年第4期。
④ 梁启超：《中国历史研究法 中国历史研究法补编》，中华书局，2014，第364页。

中国史学史研究是中国文化史研究的重要组成部分，而且对于中国通史的研究和编写具有重要意义。① 瞿林东先生评论道："这些看法，深化了对于中国史学史研究之重要性的认识，在一定的程度上揭示了中国史学史在历史科学中的地位。"②

那么，中国学者研究外国史学史又有什么意义呢？王庭科继师宁之后撰文重申外国史学史研究的重要性。他认为，我们加强对外国史学史的研究，是为我国历史科学的发展服务；研究外国的马克思主义史学史，对于指导我国马克思主义历史科学的发展具有重大意义；研究外国史学史可以推动我国史学界加强史学方法论的研究和讨论，有助于发展和丰富马克思主义史学方法论；批判地吸收和利用外国史学的精华，有助于我国史学的发展和拓宽中国史学史研究者的视野；学习外国史学史是高等学校历史专业学生的基本功之一。③ 2012 年，陈恒在《新时代如何编撰史学史——多重视野下的外国史学史编撰》（《史学月刊》2012 年第 10 期）一文中简明扼要地再次强调史学史的重要性。他说："史学史是历史研究的基石，专门史学史更是每一个历史专题研究的指导门径。"毫无疑问，中国的外国史学史研究就是中国的世界历史研究的基石。

仅就学科性质而言，阿拉伯史学史和西方史学史一样，是中国特色的外国史学史学科体系、学术体系和话语体系中不可或缺的构成部分。笔者认为，中国学者研究阿拉伯史学史和西方史学史的意义大同小异。擅长于西方史学史研究的张广智先生说："史学史的

① 师宁：《简论为什么要研究中国史学史》，《文史哲》1964 年第 1 期。
② 瞿林东编《中国史学史研究》，湖北教育出版社，2006，第 29 页。
③ 王庭科：《试论研究外国史学史的意义》，《文史哲》1964 年第 3 期。

价值就在于通过对史学的反思，为后人提供借鉴，指点门径，造就自觉的史学工作者。倘若舍弃这种对史学的反思，历史的研究只能每天从零开始，那也就不会有历史学的任何进步了。以探索人类社会发展规律为己任的中国历史科学工作者，如果漠视自身学科发展的历史，缺少这种必要的知识与理论素养，就不能担负起建设现代中国新史学的重任。"① 因而，中国学者若不着力全面系统地研究阿拉伯史学史，则难以肩负起构建新时代中国特色阿拉伯历史学学科体系、学术体系和话语体系的重任。

第二，中国特色的阿拉伯历史书的再编写需要研究阿拉伯史学史。

21世纪中国学者研究阿拉伯史学史的主要任务之一是为中国目前和未来的阿拉伯历史研究服务。20世纪70年代，中国真正意义上的阿拉伯历史研究才开始大踏步向前进。② 但在短短数十年内，勤奋的中国学者已经给世人献上了多部高质量的阿拉伯历史书籍，比如郭应德先生（1922~2003年）所著《阿拉伯史纲（610~1945）》、纳忠先生（1909~2008年）所著《阿拉伯通史》和彭树智先生主编的《阿拉伯国家史》等。③ 它们是国人学习与研究阿拉伯历史的必读书。研究阿拉伯历史的卓越学者和专家们还翻译了许多阿拉伯典籍。④ 这些著作为中国的阿拉伯历史研究奠定了坚实的

① 张广智主编《西方史学史》（第四版），复旦大学出版社，2018，第2页。
② 王铁铮：《新中国的中东历史研究》，《西亚非洲》2010年第4期。
③ 郭应德：《阿拉伯史纲（610~1945）》，中国社会科学出版社，1991；纳忠：《阿拉伯通史》上下册，商务印书馆，1997~1999；彭树智主编《阿拉伯国家史》，高等教育出版社，2002。
④ 详见成红编著《中国的中东文献研究综述（1949~2009）》，社会科学文献出版社，2011，第76~84页。

基础。

然而，史学的生命力在于历史被后人不断地续写和重写。阿拉伯历史也不例外。正如英国著名史学家卡尔（E. H. Carr，1892～1982 年）所言："历史是历史学家与历史事实之间连续不断的、互为作用的过程，就是现在与过去之间永无休止的对话。"① 在这一"永无休止的对话"过程中，无论历史被怎么书写，无论它被重写多少次，史料始终是最首要、最关键的。"在西方史学史上，兰克上承自希罗多德、修昔底德以来的优良史学传统，将古典史学中的求真精神发展到极致，形成一整套完备的收集、整理、辨别史料的方法，为历史学的科学化奠定了坚实的基础。"② 兰克（Leopold von Ranke，1795～1886 年）辞世多年后，他重视史料的声音在中国得到了回响。傅斯年（1896～1950 年）和翦伯赞（1898～1968年）两位中国史学界前辈曾掷出专著，深刻地讲述了史料对于史学的重要性。③ 十年前，我国学者就已撰文指出："资料不足是制约阿拉伯史研究的一个重要问题。目前国内关于阿拉伯史方面的原始资料比较缺乏，而现存的资料也主要集中于欧美国家对阿拉伯问题的研究，阿拉伯国家自身研究阿拉伯史的资料尤为匮乏，应当采取措施引进一些重要的资料。"④

值得庆幸的是，约 5000 位穆斯林史家给世人留下了约 12000

---

① 〔英〕E. H. 卡尔：《历史是什么?》，陈恒译，商务印书馆，2007，第 115 页。
② 易兰：《兰克史学研究》，复旦大学出版社，2006，第 1 页。
③ 傅斯年：《史料论略及其他》，辽宁教育出版社，1997；翦伯赞：《史料与史学》，北京大学出版社，1985。
④ 李荣建、方长明：《近 30 年来中国阿拉伯史研究综述》，《武汉大学学报》（人文科学版）2009 年第 4 期。

部史书（其中大部分是用阿拉伯文写的）。[①] 从这个人类文明宝库之一中客观地遴选多部优质的阿拉伯史学原典著作并加以利用，这正是阿拉伯史学史研究的重要学术价值之一。我们研究阿拉伯史学史正是试图为 21 世纪中国特色的阿拉伯历史书的再编写做好充足的史料准备。

第三，阿拉伯史学史研究是中国特色的史学史学科体系、学术体系与话语体系不可或缺之构成部分。

我们要编写中国特色的世界史学史（或全球史学史）著作，就得首先对世界史学的各个分支进行全面系统的研究。五十多年前，耿淡如先生（1898～1975 年）提过"世界史学通史"的概念。[②] 30 余年前，周谷城先生（1898～1996 年）讲了"世界史学史"。[③] 白寿彝先生（1909～2000 年）也谈到他对中国史学家"写出一部包含各个国家各个民族的世界史学史"的期望。[④] 这三位卓著的前辈史学家无疑为中国的世界史学史研究点亮了蓄势燎原的星星之火。笔者认为，一部充分反映全世界所有史学分支产生与发展过程的史学史著作，应该以探讨世界史学的各个分支如何在多样性的互动发展与交融中实现更大程度的共存为出发点。

我们要书写一部不失公允的世界史学史著作，就要正视人类文明多样性共存的事实，就要对各史学史分支进行客观公正的充分研

---

① 裔昭印主编《世界文化史》，华东师范大学出版社，2000，第 236 页；拉菲格·阿杰姆编著《阿拉伯—伊斯兰历史学术语百科》（موسوعة مصطلحات علم التاريخ العربي والإسلامي），贝鲁特：黎巴嫩书店，2000，第 4 页。

② 耿淡如：《什么是史学史？》，《学术月刊》1961 年第 10 期。

③ 周谷城：《我是怎样研究世界史的》，周谷城：《周谷城史学论文选集》，人民出版社，1983，第 111 页。

④ 白寿彝：《座谈会上的开场白》，《史学史研究》1985 年第 2 期。

究。综合考察我国的史学史研究现状，在中国史学史、西方史学史和马克思主义史学史方面已经取得了累累硕果，[①] 而且不乏论见精妙的作品。可以说，这三个史学史分支学科已经形成"三分天下，各得一方"的繁荣景象。[②] 但我们对世界史学史的其他分支，比如阿拉伯史学史的研究仍然薄弱得让人忍不住流泪。中国的史学史研究要为世界史学的良性发展做出更多贡献，就要在继续争取更全面、更系统、更深入地研究中国史学史、西方史学史和马克思主义史学史的同时，加强研究阿拉伯史学史等以往不太受重视的世界史学史其余分支。

实际上，从学科性质和学术体量上看，由阿拉伯史学史、古代两河流域史学史、古埃及史学史、希伯来史学史、波斯史学史、土耳其史学史、中亚史学史、中东基督教史学史和中东马克思主义史学史等史学史分支组合而成的中东史学史有可能是中国特色的史学史学科体系、学术体系与话语体系中的又一个"史学史分支学科"。而阿拉伯史学史显然是这个"分支学科"中最主要和最庞大的构成部分。中国学者只有全面系统地研究阿拉伯史学史，才有望在 21 世纪建立中国特色的中东史学史学科体系、学术体系与话语体系。

第四，中国史学进一步走向世界需要研究阿拉伯史学史。

中国学者正在谋求让中国史学进一步走向世界。正如瞿林东先生所言："在经济全球化趋势不断加快的 21 世纪，各国间的文化交

[①] 乔治忠：《改革开放 40 年以来的中国史学史研究》，《中国史研究动态》2018 年第 4 期；张广智：《漫谈改革开放以来中国的西方史学史》，《史学理论与史学史学刊》2018 年第 2 期；陈峰：《新世纪以来中国马克思主义史学理论与史学史研究述评》，《中共党史研究》2015 年第 4 期。

[②] 张广智主编《西方史学通史》第 1 卷，复旦大学出版社，2011，第 189 页。

往更加密切，中国史学进一步走向世界是大势所趋。"① 张广智先生也激情昂扬地说："在当今国际史坛上，中国不能成为一个'缺席者'，这种紧迫感和责任感，当是中国历史学家的时代使命。"② 中国学者要成就"重绘世界史学地图"的史学大业，③ 除了勇于追求自我的更新与提高、善于借鉴西方的经验与方法、长于比照日本的潮流与路数之外，④ 也要尽量汲取世界史学其他分支（比如阿拉伯史学）的营养。

可以说，中国史学能否与正在谋求复兴的阿拉伯史学共同迎接来自各方面的挑战，会直接影响到中国史学能否"进一步走向世界"的大业。现代阿拉伯学者阿里·艾哈迈德·杰马勒（أحمد الجمل علي）认为，21 世纪阿拉伯的历史研究至少需要面对"五大挑战"：其一，平衡战争与和平的思想；其二，平衡物质与精神、精神与道德的关系；其三，平衡保守的传统文化与现代化进程的关系；其四，充分利用现代科技和信息来增长智慧；其五，为子孙后代政治、经济与社会的发展做出贡献。⑤ 阿拉伯史学所面临的这些挑战恰恰是中国史学进一步走向阿拉伯世界的机遇。中国学者应当抓住机遇，全面系统地研究阿拉伯史学史，以便中国史学能够在阿拉伯史学的未来发展过程中积极地发挥相应的作用。

---

① 瞿林东：《前提和路径——关于中国史学进一步走向世界的思考》，瞿林东：《瞿林东文集》第 8 卷，北京师范大学出版社，2017，第 323 页。

② 张广智主编《西方史学通史》第 1 卷，复旦大学出版社，2011，第 202 页。

③ 张广智：《克丽奥的东方形象：中国学人的西方史学观》，复旦大学出版社，2013，第 284 页。

④ 关于日本史学史，可参阅坂本太郎《日本的修史与史学》，沈仁安、林铁森译，北京大学出版社，1991；永原庆二：《20 世纪日本历史学》，王新生译，北京大学出版社，2014。

⑤ 阿里·艾哈迈德·杰马勒：《21 世纪的历史研究》（تدريس التاريخ في القرن الحادي والعشرين）开罗：书籍世界，2005，第 11～30 页。

第五，"一带一路"建设需要我们研究阿拉伯史学史。

习近平总书记在 2013 年提出的"一带一路"倡议提升了中国人文外交的战略地位，并赋予其弘扬丝路互惠型经济观、弘扬丝路合作型安全观和弘扬丝路包容型文明交往观的三大新使命。[①] 我们要弘扬丝路包容型文明交往观，就应加深对丝路文明的了解，就得寻找更多有利于增进文明交往的契合点。我们要更深入地了解阿拉伯文明的发展历程，就得研究阿拉伯史学史。我们要加深与阿拉伯文明的交往，就得从阿拉伯的历史著作中了解阿拉伯人的"自我认识"以及他们对其他人类群体的认识。我们只有弄清楚阿拉伯历史中的"中国形象"，才能更好地塑造新时代的"中国形象"。但阿拉伯历史中的"中国形象"不会自动地呈现在我们面前，而是需要我们付出艰辛的努力，深入阿拉伯史学遗产中把它挖掘出来。

2016 年 8 月，习近平总书记在推进"一带一路"建设工作座谈会上提出要加强"一带一路"建设的学术研究、理论支撑、话语体系建设。学术研究离不开历史研究。显然，"一带一路"建设以历史为基础，但又高于历史，是当代中国智慧与创新的鲜明体现。阿拉伯历史研究是"一带一路"沿线历史研究的重点内容。新时代中国的阿拉伯历史研究事业要体现中国的自主性。中国的阿拉伯历史研究者应当以中国学者的主体意识，立足中国来看阿拉伯，学贯中阿，放眼世界，为构建中国特色的阿拉伯历史学学科体

---

① 马丽蓉：《"一带一路"软环境建设与中国中东人文外交》，社会科学文献出版社，2016，第 2~3 页。

系、学术体系和话语体系做出实实在在的贡献。我们只有建立自己的阿拉伯历史话语体系，才能不盲从于西方的所谓"先进的研究"。毫无疑问，阿拉伯史学史是阿拉伯历史研究的基石。中国的阿拉伯历史研究体系只有建立在中国特色的阿拉伯历史研究基石之上，中国人才能真正掌握阿拉伯历史话语权。中国学者只有以马克思主义唯物史观为指导，抛开文化成见，怀着对全人类和谐共存的期望，更加深入、全面、系统和客观地研究阿拉伯史学史，才能真正把握阿拉伯历史话语权的权柄。

　　那么，中国特色的阿拉伯史学史研究之路在何方？我们的路在我们的脚下。若畏惧不前，我们就只能原地踏步；若勇往直前，我们就会有更宽广的路。

图书在版编目（CIP）数据

阿拉伯国家形势报告 . 2018/2019 / 李绍先，张前进
主编 . -- 北京：社会科学文献出版社，2019.6
　ISBN 978 - 7 - 5201 - 4928 - 0

　Ⅰ. ①阿…　Ⅱ. ①李…　②张…　Ⅲ. ①阿拉伯国家 –
研究报告 – 2018 – 2019　Ⅳ. ①K370.07

中国版本图书馆 CIP 数据核字（2019）第 102149 号

阿拉伯国家形势报告（2018/2019）

主　　编 / 李绍先　张前进

出 版 人 / 谢寿光
责任编辑 / 张苏琴

出　　版 / 社会科学文献出版社·当代世界出版分社（010）59367004
　　　　　地址：北京市北三环中路甲 29 号院华龙大厦　邮编：100029
　　　　　网址：www. ssap. com. cn
发　　行 / 市场营销中心（010）59367081　59367083
印　　装 / 三河市龙林印务有限公司

规　　格 / 开　本：787mm × 1092mm　1/16
　　　　　印　张：11.5　字　数：133 千字
版　　次 / 2019 年 6 月第 1 版　2019 年 6 月第 1 次印刷
书　　号 / ISBN 978 - 7 - 5201 - 4928 - 0
定　　价 / 69.00 元

本书如有印装质量问题，请与读者服务中心（010 – 59367028）联系